LE

VRAI LIVRE DES FEMMES

PARIS

IMPRIMERIE DE L. TINTERLIN ET Cᵉ

rue Neuve-des-Bons-Enfants, 3.

LE VRAI LIVRE

DES

FEMMES

PAR

Mme EUGÉNIE NIBOYET

Auteur de divers ouvrages couronnés, membre de plusieurs Sociétés
littéraires, savantes et philanthropiques, etc.

PARIS

E. DENTU, ÉDITEUR

LIBRAIRE DE LA SOCIÉTÉ DES GENS DE LETTRES
PALAIS-ROYAL, 13 ET 17, GALERIE D'ORLÉANS

1863

A MA MEILLEURE AMIE

———

A MES SŒURS CHÉRIES

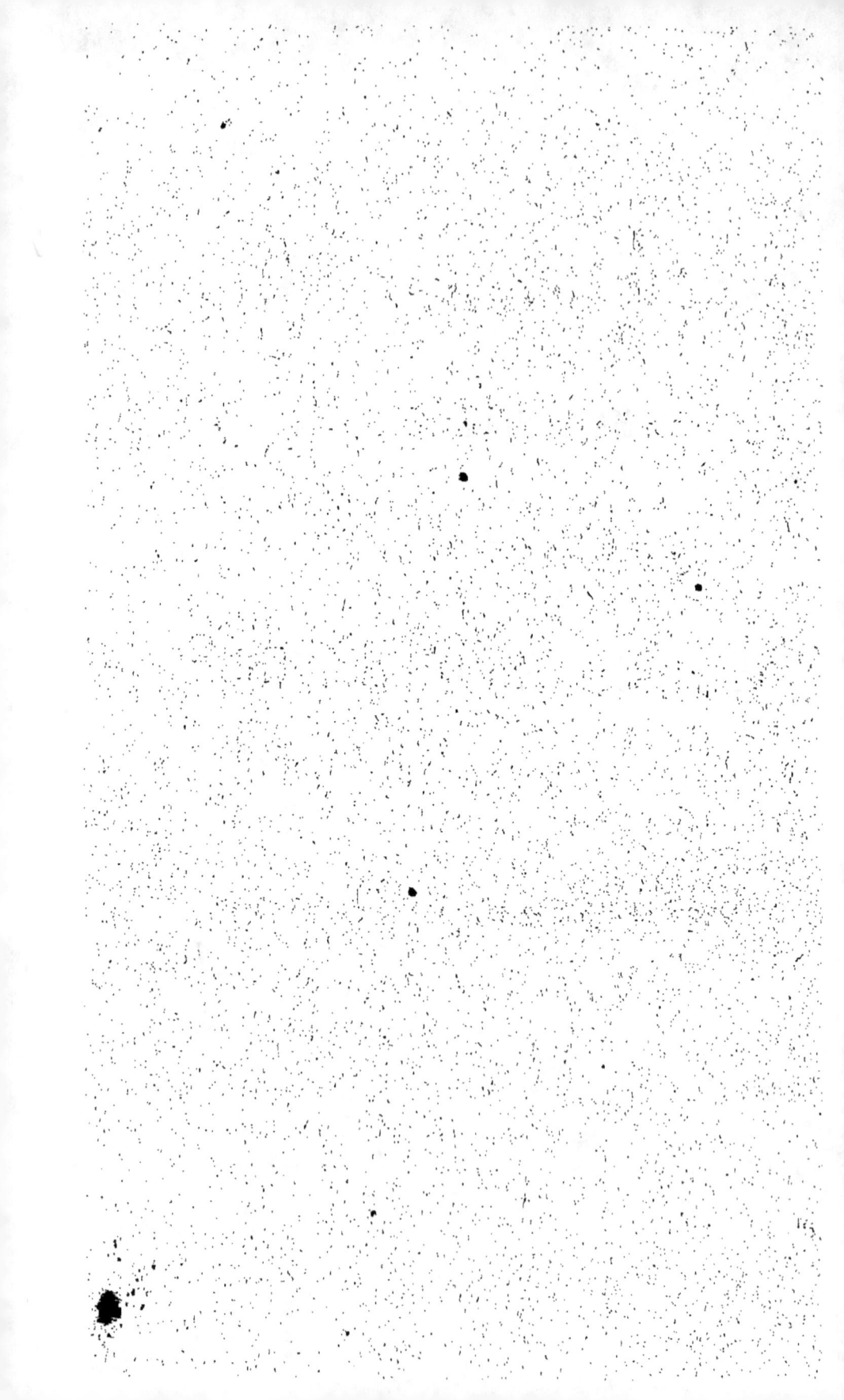

INTRODUCTION

Qu'on nous permette d'abord d'expliquer la prétention de notre titre. Nous tâcherons ensuite de la justifier.

Une femme d'esprit qui a écrit beaucoup de charmants romans, madame la comtesse Dash, a tout récemment publié un volume sous ce titre : *le Livre des Femmes*. A notre avis, le gracieux écrivain a fait fausse route, ou plutôt, n'a voulu s'adresser qu'à une classe de lectrices offrant quelque variété dans ses subdivisions de genre.

Nous sommes de *ce siècle avide d'innovations*, qui veut plus transformer que détruire ; plus améliorer que bouleverser.

Nous n'avons jamais eu la ridicule fantaisie de prétendre corriger l'œuvre sublime de Dieu, en dénaturant le caractère de la femme. La souhaiter l'*égale* de l'homme, c'est obéir aux lois de l'éternelle justice et non intervertir celles de la nature qui en procèdent. On a pu nous prêter bien des travers lorsque, dans un élan de généreux enthousiasme, nous avons pris l'initiative d'une

1

cause tellement lourde qu'elle a trahi nos forces, sinon éteint notre foi. Quiconque aspire à la propagation d'une idée nouvelle, est en lutte avec la routine, d'une part, avec l'exagération, de l'autre. Il ne saurait nous convenir de renier notre passé, *nous l'acceptons tout entier* non tel qu'on a voulu nous le faire, avec la responsabilité d'un trop mobile entourage, mais tel qu'il a été dans notre pensée, c'est-à-dire plein de bonnes intentions.

Nous poussons jusqu'au scrupule le respect des opinions appuyées sur de sincères convictions; nous avons donc laissé nos antagonistes cuirassés de leurs idées, sachant trop que de la discussion naît souvent la dispute et rarement la lumière. Faisons d'ailleurs, tout de suite, notre déclaration de principes. Nous ne croyons pas la femme, même la femme de lettres, faite pour la lutte. La mission que Dieu a départie à notre sexe est toute de paix et de conciliation. C'est donc malgré nous, qu'au nom d'un comité qui nous en imposait la *douloureuse obligation,* nous avons, un moment, pris la parole pour soutenir en public une cause *qui fut et restera sacrée devant les justes.*

Aujourd'hui encore, il nous en coûte pour rentrer dans la lice; mais un livre a paru qui a piqué au vif notre conscience, livre dont le titre est un trompe-l'œil.

Madame Dash prétend que notre siècle, *qui veut tout innover, tout détruire, dans ses jours de folie et d'erreur, a imaginé de changer la condition des femmes;*

de leur inspirer des *idées d'indépendance, d'insurrection,* etc., etc.; est-il donc à sa connaissance qu'aucune femme, — les cantinières exceptées, — ait sollicité un enrôlement militaire dans ce qu'elle appelle *les jours de folie et d'erreur?*

Et si quelques cerveaux malades ont voulu, selon l'expression de l'auteur du *Livre des Femmes,* « faire de nous des *guerrières,* des *politiques,* des *lutteuses,* » il eût fallu recommander aux médecins le traitement rationnel de ces aliénées de bon sens.

Nous ne pensons pas que les femmes aient des *mains débiles et qu'elles ne puissent, si le monde est mal construit, le soutenir.* Nous croyons, au contraire, qu'en toutes occasions où la morale est en jeu, l'intervention de la femme ne peut être que très-salutaire. Vous vous plaignez, comtesse Dash, de ce siècle pour lequel, — dites-vous, rien n'est sacré? Mais s'il n'est pas à votre gré, le tort en est-il aux femmes, qui ne se mêlent de rien, ou aux hommes, qui se mêlent de tout?

Vous avancez *que le Tout-Puissant a créé, dans la même pensée, les femmes, les fleurs, les oiseaux.*

Un livre qui fait autorité, *la Bible,* nous apprend que Dieu dit : « *Il n'est pas bon que l'homme soit seul, je lui ferai une aide semblable à lui.* (GENÈSE, Chap. II, verset 18.)

Vous tenez à ce que *nous n'oubliions pas que nous*

sommes les filles d'Ève ? et vous ajoutez : *Nous avons amené le péché sur la terre.*

C'est remonter bien haut; mais, en acceptant la moitié de la peine, ne trouvez-vous pas que nous ayons droit à la moitié du profit? L'enfantement avec douleur est imposé à Ève. Adam, de son côté, doit travailler à la sueur de son front; or Dieu, qui a tout créé pour eux, les fait à leur tour, créateurs. A la femme, conservatrice du type humain, appartient la reproduction; à l'homme, les enfantements du génie. Et quelle plus grande justification de sa divine origine le couple peut-il donner, que de glorifier un labeur où se reflète l'âme immortelle de l'ordonnateur suprême?

Ne rêvons pas d'intervertir les sexes; laissons à chacun sa nature propre; mais souhaitons que de deux moitiés égales, quoique dissemblables, se compose l'unité du couple, réalisant l'harmonie dans la famille et dans l'humanité.

Il nous est suffisamment démontré qu'aux époques de foi, la femme a compté autant que l'homme dans la société. Partout où il fallut aimer, se dévouer, elle a été grande et sublime. Jésus, mourant sur la croix, trouve à ses pieds sa divine mère et Madeleine, l'héroïque repentante !

Les Chrétiens mis à mort, comptaient, parmi eux, plus de femmes que d'hommes.

Dans la tourmente politique, lorsque la hache du bourreau atteignait aux rangs les plus élevés de la société, les femmes se sont-elles montrées plus faibles ou plus lâches que les hommes? Marie-Antoinette n'a-t-elle pas été reine jusque sur l'échafaud? Madame Roland n'est-elle pas héroïquement morte pour un principe?

Nous ne voudrions pas réfuter madame Dash, parce que nous la savons de bonne foi dans ses erreurs.

Les défauts de la femme lui apparaissent du gros bout de la lunette, ses qualités lui sont imperceptibles de l'autre.

Elle s'est plu à tracer quelques tristes croquis d'un monde trop réaliste, laissons-lui la responsabilité de son œuvre et demandons *aux faits* de nous fournir la *matière* d'un *Vrai Livre des Femmes.*

LE

VRAI LIVRE DES FEMMES

CHAPITRE PREMIER

Jésus-Christ dit à ses disciples : « *Laissez venir à moi les petits enfants et ne les en empêchez point ; car le royaume de Dieu est pour ceux qui leur ressemblent.* » (Luc, chap. XVIII, verset 16.)

La pureté et l'innocence, lots ordinaires de l'enfant, sont donc les biens les plus désirables, puisqu'ils peuvent conduire au royaume de Dieu. Nous savons trop que de l'aurore au déclin de la vie, pour peu que le parcours soit long, l'homme déflore son âme et perd ce parfum d'innocence des premiers ans. Ainsi, c'est pour la mère un devoir que de veiller à la pureté du cœur de ses enfants, particulièrement *de ses filles*. On ébauche plus qu'on n'achève une éducation. On pousse à grande vitesse l'enseignement, et la mémoire des enfants, développée en serre-chaude, fait parler leur bouche aux dépens de leur cœur. On leur donne une éducation d'épiderme, erreur d'un orgueil mal entendu. Un siècle ne vaut pas moins qu'un autre à son point de départ ; chaque homme y suit la route qu'il se trace. Au sein du chaos enfanté par l'égoïsme, de riches et nobles organisations s'efforcent non point de retenir le torrent qui déborde, mais de mettre à l'écart, pour les abriter sous leur égide protectrice, de jeunes âmes dignes de conserver l'amour du vrai, du beau, du juste, qui procède de Dieu ! Ne regardons pas, sans la plaindre, cette enfance *déraillée* qui, pour n'avoir plus l'aimable candeur de son âge, n'a pas les qualités d'un autre. Primeur sans goût, sève hâtée, cette ébauche d'âmes ne ressemble à rien, pour trop ressembler à tout. Quoi de plus triste, en effet, que la vue d'un enfant qui joint la fatuité de la jeunesse et l'impudence de l'homme blasé, à la froide logique du vieillard ? Nain ridicule, fruit insipide avant sa maturité, cet avorton humain attriste quiconque, dans l'enfance, veut surtout voir l'enfant.

Dieu a créé l'homme pour le bien, non pour le mal ; or, le bien ne périra point, si à côté de ces produits affligeants, se développe une jeunesse ayant pour rosée la tendresse maternelle, pour aliment la vertu, pour but l'immortalité : chacun le sait, tant que le germe divin ne sera pas foulé aux pieds ; tant qu'une partie de l'humanité se souviendra de son origine, il ne faudra pas désespérer de l'autre.

Quoi de plus touchant que l'enfance honnête ? ses grâces naïves, sa langue inhabile s'exerçant à bégayer des mots, à former des phrases. Les idées générales commencent à la frapper, elle sent avant de comparer, et, comme son premier amour est pour *sa mère*, ses premiers regards, ses premiers sourires, ses premiers élans sont pour elle; l'affection développe en l'enfant la reconnaissance, et l'on ne sait plus s'il aime parce qu'il est reconnaissant, ou s'il est reconnaissant parce qu'il aime.

Les petites filles ont surtout le cœur précoce, et dès le plus bas âge, leur destinée est, pour ainsi dire, déterminée. D'une part, c'est la poupée qu'elles affectionnent : de l'autre, c'est la famille ; sanctuaire au sein duquel chaque femme doit naître, vivre et mourir !

L'enfance, comme la plante, porte sa fleur avant son fruit ; quels services les petites filles, dans les classes inférieures, rendent à leurs mères, à un âge où, riches, elles sauraient à peine utiliser leurs doigts ? Nous avons connu beaucoup de pauvres ménages, confiés, une partie de la journée, à des enfants chargées du soin d'autres enfants qu'elles habillaient, amusaient et faisaient manger, suppléant ainsi à la mère absente. Moyennant six francs par mois, cette mère eût pu envoyer ses *babies* à l'asile ; mais six francs plusieurs fois répétés, sont une somme que l'aînée épargnait en veillant au pot-au-feu comme une femme expérimentée. Pour elle, il n'y avait pas de joujoux, de récréations, de promenades ; amuser ses frères, leur donner la becquée, les porter si elle sortait, c'était là sa tâche. La mère rentrait-elle fatiguée ? l'enfant allait aux provisions, allumait le feu, mettait le couvert, et s'il n'y avait pas d'argent, pas de pain dans le ménage, elle en achetait à crédit ; mal chaussée, mal vêtue, mal nourrie, la souffrance l'étiolait, la misère la frappait, et, si son âme n'eût pas été deux fois forte, dans quel abîme ne fût-elle pas tombée ? C'est parmi les enfants de cette classe que se recrute la petite Bohême ; c'est de son sein que sortent les jeunes débauchées, les apprenties lorettes, auxquelles, pour devenir d'honnêtes femmes, il eût fallu moins d'épreuves et plus de courage.

Le malheur qui bronze les natures fortes, abat les faibles. Une mère sous le coup de l'infortune, voit ses douleurs s'accroître par le nombre de ses enfants, et, perdant parfois alors le sentiment de sa dignité, oublie jusqu'à l'être né de son sang, pour ne penser qu'à la faim qui la presse. — « Va, dit-elle, imprudente ou désespérée, à sa fille, — va chercher ton pain. » Et l'enfant, ainsi abandonnée, ou meurt de misère ou vit de honte, si Dieu ne place, sur sa route, un de ces anges voués à la bienfaisance.

L'énumération des services que l'enfant pauvre rend à ses parents est immense, et c'est peut-être au profit que ceux-ci en retirent qu'on doit l'accroissement de la population flottante.

La mendicité, si positivement interdite, si sévèrement punie, n'est-elle pas exercée par des enfants ? L'on sait que, rétribution volontaire, l'aumône sert d'appât à la paresse et place celui qui la reçoit sur la pente du vice. Mais comment repousser un enfant qui demande au nom de sa mère, ou *pour acheter du pain?*

Le pire malheur du bas peuple, est le gain qu'il tire de son jeune entourage, en l'immolant à la nécessité, cette loi de vie. Qui n'a vu, pendant les froids les plus rigoureux de l'hiver, de pauvres enfants, échelonnés sur les ponts, crier de leur voix grelottante, aux heures avancées de la nuit : « *A un sou, la boîte d'allumettes, à un sou.* » Sans appui, sans abri, par la neige, le vent ou la pluie, ces petits êtres, succombant à la lassitude, s'endorment debout et crient en rêvant : « *A un sou, la boîte d'allumettes, à un sou.* »

Et pour quiconque se souvient de ce divin précepte, en vertu duquel l'humanité ne doit être qu'une famille ; pour qui, ne regardant point au-dessus, mais au-dessous de soi, se reconnaît solidaire envers les pauvres, combien de douleurs n'éprouvera-t-il pas ? Nous avons vu, bien souvent, de petites filles servir de garde-malades à leur mère avec toute l'intelligence de cœurs expérimentés. Ce qu'elles ne comprenaient pas, ces enfants le devinaient, et leur charmante physionomie se flétrissait à l'âge où elle eût dû s'épanouir. « — Comment vous y prenez-vous pour servir votre mère ?—demandions-nous, un jour, à une petite fille de huit ans ? — Je l'écoute dormir et je la regarde, — nous répondit-elle ; — si elle tousse, je lui donne à boire ; si elle ouvre les yeux, je l'interroge et je fais ce qu'elle me dit. Elle va mieux ; Dieu, qui est bon, ne voudrait pas nous la prendre, nous avons besoin d'elle, mes frères et moi ! »

L'enfant joignit les mains et pria. Sa mère ouvrit les yeux et sourit. La prière de la petite fille portait ses fruits !

• Et si, de la classe laborieuse, nous passons à la classe bourgeoise, quels exemples de piété, de tendresse intelligente nous sont fournis par de jeunes filles ? Celle-ci, veut avoir ses pauvres ; cette autre, tricote pour les orphelins ; une troisième, est debout dès l'aurore pour préparer une surprise à sa mère, de qui c'est la fête.

Telle dessine : telle autre est à son piano. Marie, surveille le ménage ; Julie, s'applique au commerce, et, parmi celles qui ont reçu de bons exemples, aucune n'a de frivoles pensées. Y a-t-il un serviteur malade ? la jeune fille le soignera de ses mains,

2

l'exhortera, le consolera. Si la grand'maman, paraly-
sée, est clouée sur un fauteuil, elle lui lira le journal,
l'égayera par son babil, la soulagera par ses caresses,
et sera l'ange des vieux jours de l'aïeule !

Heureuse, la mère, qui sait conserver chastes ses
enfants ; heureux, le peuple, qui a des femmes capa-
bles d'être de dignes mères.

Il est intéressant d'observer l'enfance morale, de la
suivre dans ses manifestations ! Pour elle, rien n'est
calcul, tout est élan. L'œil de l'aveugle, l'oreille du
sourd, la main du paralytique, elle peut être tout cela
avec une délicatesse de procédés que l'éducation développe, mais que le cœur seul fait naître. On a dit :
L'enfant et le vieillard se ressemblent ; sophisme
adroit ; mais sophisme. L'enfant ne connaît rien, le
vieillard connaît tout ; l'enfant entre dans la vie par la
porte de l'espérance ; le vieillard s'apprête à en sortir
par la porte des déceptions. Pourtant, si le sentiment
religieux est gravé en traits ineffaçables au cœur de
l'enfant devenu homme, l'homme devenu vieillard,
évoque le passé, et, sur le seuil de l'éternité, l'enfant
et lui se touchent à la façon du cercle : par deux
points opposés.

Des impressions de l'enfance dépend en grande partie la direction de la vie. C'est à la mère qu'appartient le soin d'une bonne direction. La loi morale s'inspire du devoir ; la loi civile s'inspire du droit. D'année en année, les croyances se perdent, l'égoïsme cupide grandit, et l'on ne se demande pas d'où vient le mal pour y appliquer le remède ! Si la gangrène atteint un membre, on le coupe pour conserver le corps ; mais le corps gangréné, ne cherchera-t-on pas à le guérir ? Ce n'est point la science qui fait défaut ; c'est le désintéressement : aujourd'hui, l'argent a tout envahi, tout dompté. L'ouvrier s'est fait trafiquant, l'artiste agioteur ; l'industriel coulissier, le rentier actionnaire, l'agent de change marchand d'or. On a soulevé bien des passions, touché à bien des intérêts, a-t-on garanti aux riches leurs capitaux, aux pauvres leur travail ? Non, les nouveaux parvenus se sont préoccupés d'eux seuls, leur égoïste personnalité n'a rien vu au delà ; ils ne croiront aux revers de la fortune que si elle trahit leur ambition. Et alors, ruinés, déconsidérés, perdus, qui leur restera fidèle ? la mère, l'épouse, la fille ou l'amante : dans le malheur, la consolation vient par la femme ! providence de la famille, conseillère-née de ses filles, inspiratrice légale de son époux, celui-ci qui ne l'a point consultée, s'en prendra-t-il à lui ou à elle de son malheur ?

Si l'enfance, dans ses généralités, était ce que sont les exceptions ; si le mariage, au lieu d'être une chaîne, était un lien ; si le mari, au lieu de s'instituer maître, s'instituait ami, la famille serait vraiment le trône de la femme, le sanctuaire de l'époux, la religion des enfants ! Partout où le couple est harmonisé, son entourage est uni. On a dit : Noblesse oblige. Il eût été plus logique de dire : Dignité oblige.

Tout marche trop vite pour marcher très-bien. Le monde est à refaire : la famille existe devant la loi plus que devant la morale.

Voyez ces belles jeunes filles qui n'ont jamais quitté leur mère, qui ne lisent pas de romans, qui n'ont vu aucun drame à grands coups de théâtre, et ignorent ce que c'est qu'un bal du grand monde. Comparez leur langage naïf au ton délibéré de ces poupées ridicules de prétention et de sottise. Celles-là ont eu pour exemple des mères imprudentes ou frivoles, des institutrices incapables ou corrompues. La jeune fille naïve, rougit de parler haut ; son antipode, parle toujours; l'une avoue qu'elle ne sait rien; l'autre prétend tout savoir; la première a des grâces naturelles; la seconde des airs affectés. Celle couvée sous l'amour de sa mère, possède toutes les qualités qui constituent la femme de mérite; celle abandonnée à elle-même, a les ridicules d'une mauvaise éducation. C'est avec le lait que se prend la vertu. L'enfant prélude à la jeune fille, la jeune fille à la femme, la femme à la mère, la mère à l'ange ou au démon du foyer.

Aux hommes la politique, les lois, la défense du pays, les hasards de la navigation, les risques du commerce, les affaires étrangères. Aux femmes le sacerdoce de la morale, le culte de la famille, le maintien du devoir, l'égalité par le mérite.

Est-elle faible, celle que l'on encense outre mesure, que l'on accable sans pitié, que Dieu créa l'égale de l'homme; que l'homme opprime après l'avoir adulée; qui porte, nourrit et dirige l'enfance; est la moitié du couple, la moitié de l'humanité, comptant pour ce qu'elle est, non point le jour où elle devient femme, mais le jour où, femme, elle sait être mère selon la grandeur de ce mot.

Elle n'est pas alors seulement l'éducatrice de l'enfance, elle est le prototype du bien pour ses fils qui procèdent d'elle et lui doivent leurs vertus.

Nous essayerons de le démontrer par des esquisses de mœurs.

CHAPITRE II

INFLUENCE DE LA JEUNE FILLE DANS LA FAMILLE ET
DANS LA SOCIÉTÉ.

La jeune fille est ce bouton qu'un orage peut briser ; qu'un sourire du soleil fait éclore. Elle tient à l'une des trois classes, *ouvrière*, *bourgeoise* et *riche*, dont le monde se compose.

Ouvrière, elle travaille par nécessité.

Bourgeoise, par devoir.

Riche, par délassement.

On a dit : L'oisiveté engendre tous les vices ; cherchons à démontrer que le travail sanctifie quiconque sait apprécier sa valeur.

La famille pauvre, a pour obligation constante le gain de son pain quotidien. L'enseignement primaire constitue toute sa science ; dès l'adolescence, l'enfant de cette classe fait l'apprentissage sérieux de la vie et prend un état plus qu'une vocation. De là ses écarts, ses dégoûts. L'homme se plie plus facilement que la femme à de grossiers travaux ; elle supporte mieux la douleur ; il supporte plus la fatigue. Tandis qu'elle se raffine à tirer l'aiguille, il se bronze à tenir le marteau. Dans l'atelier de couture, l'esprit a toujours une lampe qui brûle. Dans le chantier, le bruit des instruments de travail fait entendre sa voix au-dessus de toutes les voix. Aux heures des repas, les jeunes filles ne quittent point l'atelier ; les jeunes garçons, au contraire, vont au cabaret, à la *gargote*, y contractent de mauvaises habitudes, qui sont comme une barrière entre eux et leurs pareils.

Du premier pas dans la vie réelle, dont le point de départ est le même pour les deux sexes, dépend l'avenir de chacun. Si la jeune fille, au lieu de descendre, s'élève ; si, pénétrée du sentiment de sa dignité propre, ses actes sont honorables, elle n'épousera qu'un homme honoré. Le danger à éviter pour elle, est l'attrait de la séduction.

En général, les jeunes gens des classes élevées ne

se font aucun scrupule de poursuivre de leurs hommages les jeunes ouvrières ; ils flattent leur beauté, encensent leur amour-propre, développent en elles l'orgueil et les perdent en les abusant. C'est de cette catégorie de jeunes aveuglées, que sortent les filles-mères, les lorettes, les prostituées, dont beaucoup ont commencé par l'honneur, et finissent par la débauche. Certes, celles qui plus fortes que la tentation résistent à leur cœur, deviennent de bonnes mères de famille, de laborieuses ouvrières, d'honnêtes épouses. L'autorité de la mère, elles l'ont respectée, le devoir, elles l'écoutent ; n'aspirant point à porter le chapeau et s'élevant à leurs yeux, par le respect que leur inspire la blouse de leur fiancé ; tous deux sont honnêtes et de leur probité unie, des enfants naîtront, probes aussi.

On ne se préoccupe pas assez du plus sacré des devoirs, la propagation de l'espèce. Non-seulement il y a des lois physiques que l'on doit observer, mais il y a aussi des lois morales. L'âge, le rang, l'éducation ont leur harmonie. Pour garantir aux époux le bonheur dans le mariage, le père et la mère devraient veiller sur l'apport que chacun des fiancés possède en qualités. D'un sexe à l'autre, il y a influence réciproque. La ménagère qui manque d'ordre, pousse son époux à l'ivrognerie, l'époux ivrogne inspire à sa compagne du dégoût.

Si la femme est coquette, les enfants sont négligés. Le mari s'abrutit ou devient despote ; la dispute fait place à l'intimité ; l'injure, à l'affection, le droit au devoir. Dès lors les deux conjoints ont chez eux la guerre ; chacun tire à soi cette chaîne qui ne peut se rompre et que tous deux cherchent à briser. Liés d'intérêts, désunis de cœur, la discorde, cette divinité qui change les conditions de l'existence, souffle sur eux le mal, de toute la force de ses poumons.

L'amant, s'il est supérieur à l'amante, entraîne celle-ci et la fait, à son gré, bonne ou mauvaise, leur lien n'a rien d'absolu, ils sont unis par un engagement libre, leur indulgence naît de la crainte d'une rupture que la société n'empêche ni ne blâme.

L'amante, à son tour, avec un peu d'adresse, entraîne son amant. Ce que la force physique lui refuse, la force morale le lui donne. Elle ne cherche pas à convaincre, elle persuade. La logique ne lui prête aucune arme, sa force lui vient du cœur. Ce qu'elle sent, elle l'exprime. Elle ne demande point qu'on l'admire, elle se rend digne d'admiration, et si l'amour la conduit à l'hymen, comme elle a su être amante, elle saura être mère. Celle-là trouvera le bonheur où est sa tendresse. Que lui importe la fortune ? elle a le travail ! L'oisiveté ? elle a le courage ! Le superflu ? elle a le nécessaire ! Le plaisir ? elle a le bonheur ! Santé, famille, affection, tout lui est donné ! Quel riche est aussi riche qu'elle !

— « Trois choses nous perdent, — nous disait un jour une femme déchue aux yeux de la société : — L'amour, la coquetterie, la paresse. Nous nous donnons, parce que nous aimons ; parce que nous avons le goût des belles choses ; parce que ne rien faire nous paraît le suprême bien. De l'amour trahi, nous entrons dans les amourettes. Le cœur est brisé, la vanité lui survit, on l'écoute. Tant que la jeunesse dure, les prodigalités du luxe nous enivrent, nous dissipons en insensées l'argent dont nous ne connaissons pas le prix. Nous lui vendons notre jeunesse et, le jour où il ne veut plus la payer, nous buvons, pour étourdir la femme dans l'orgie de la fille perdue... »

Pauvres créatures ! quelques-unes encore se relèvent de ces bas-fonds, reviennent sur l'eau et demandent à la société la place qu'elle ne leur rend point. Il y a cependant telles âmes qui, pour être relevées, n'ont besoin que d'une main tendue. Jésus-Christ permit-il à aucun de jeter la première pierre à la femme adultère ? La miséricorde et la charité sont des vertus chrétiennes, pourquoi les pratique-t-on si peu !

Par l'autorité des faits nombreux que l'expérience nous a fournis, il nous est permis d'affirmer que, dans la classe laborieuse, depuis le bas peuple jusqu'à l'ouvrier anobli par son travail, l'influence de la femme est réelle dans le bien comme dans le mal. Vices ou vertus, les enfants prennent tout de leurs mères; les grands hommes sont là pour le prouver. Courage militaire, courage civil, ambition ou désintéressement, prodigalité ou égoïsme, la mère, par son exemple, dépose, au sein de son fils, le principe de sa propre nature. Ses vices ou ses vertus, elle les lui transmet, et qui honore sa mère, s'il est entraîné par le monde, reviendra tôt ou tard de ses égarements ; car celui-là, au plus profond de son cœur, conserve le culte de la famille, arche sainte des vertus privées.

Arouet de Voltaire tenait de sa mère l'esprit fin, la

vive saillie et la logique qui firent de lui un homme
hors ligne. Monsieur de Lamartine, laisse se ré-
fléter dans ses écrits les sentiments que lui inspira
sa mère. Les grands capitaines, les grands orateurs,
les grands poëtes, ont dû leur carrière à l'impulsion
qu'ils ont reçue de leur mère, dès le plus bas âge.
Saint-Augustin eût-il été aussi sublime sans les
exemples de sainte Monique? Dans la classe bourgeoise surtout, cette relation de sentiments se fait
sentir avec plus de force encore entre le fils et la
mère. Ils peuvent se quitter, ils ne se séparent pas.
Leurs cœurs battent à l'unisson, dans deux poitrines;
ce que celui-ci exprime, celle-là le sent; honneur, devoir, affection, tout leur est commun, ils sont solidaires l'un de l'autre, le fils continue la mère, et l'on
peut leur appliquer ce proverbe : *Dis-moi de qui tu
es né, je te dirai qui tu es?*

Évidemment, c'est de la classe bourgeoise que
sortent, en plus grand nombre, les penseurs, les philosophes, les éminents écrivains, les grands artistes,
les habiles industriels, les financiers, en un mot les
travailleurs du cerveau. Eh bien? dans cette classe, la
fille vit surtout sous l'aile de sa mère. L'enfant du

peuple passe de la crèche dans l'asile, de l'asile dans l'école, de l'école dans l'atelier.

L'enfant de l'oisif, passe des bras de sa nourrice dans les mains d'une bonne ; des mains d'une bonne, dans celles d'une gouvernante. Il voit sa mère à des heures réglées, il échange peu ses pensées avec elle, ne donne pas de courant aux effluves de son cœur, si bien que sa destinée doit s'en ressentir.

La classe bourgeoise, met en commun la vie de famille. La mère y est la première éducatrice de ses filles. Ses exemples, ses leçons, se gravent sans effort au sein des jeunes cœurs dont elle se constitue la tutrice. Assez haut placée pour élever jusqu'à elle ses inférieurs, elle n'a qu'à tendre la main pour toucher à ses supérieurs. Des tiges de sa racine sortent les classes utiles qui professent la morale, le sacerdoce, l'enseignement, etc.

C'est à la bourgeoisie que la plus large part de l'action sociale revient, comme intermédiaire, entre le peuple et l'aristocratie ; que les mères y prennent garde, on ne les exclut pas, on les appelle à remplir avec amour leur mission de paix !

Les temps chevaleresques ont eu leur culte de la

femme ; les temps religieux, leurs vierges martyres ; notre siècle, si fécond en toutes choses, n'aura-t-il pas, pour régénérer la société, des mères dignes d'exercer dans la famille le protectorat de l'enfance, le sacerdoce de la morale ?

Du plus bas au plus haut échelon social, les qualités de la mère réagissent sur son entourage. Catherine de Médicis fit Charles IX, Jeanne d'Albret fit Henri IV. Sous son pinceau, Corregio eut l'inspiration d'une femme. Raphaël fut grand par sa Fornarina ; Hildebrand prit conseil de la princesse Mathilde ; Dante grandit par Béatrix ; Pétrarque n'eût pas chanté sans Laure, et tout homme, en évoquant son passé, trouvera au fond de son cœur, uni au nom d'une femme, le souvenir doux ou cruel d'un sentiment qui a marqué sa destinée.

Tout se traduit en chiffres de nos jours, en face de l'avenir. Les écoliers quittent leurs jeux pour suivre le cours de la Bourse. Les étudiants échangent leur insouciance contre l'intérêt. Les mariages se traitent au comptant. On cote le talent, la réputation, la gloire ; c'est une course à l'or, un enivrement d'égoïsme : *le chacun pour soi absolu.*

Messieurs qui réglez tout, ne pensez-vous pas que l'heure de la réparation soit venue ? La vie ainsi employée à cumuler intérêts sur intérêts, chiffres sur chiffres, est-elle bien ce que vous avez rêvé pour vous d'abord, pour vos fils ensuite ? Vous n'avez plus souci de plaire, où trouveriez-vous le temps d'aimer ? La courtisane que l'argent paye, suffit à votre fantaisie ; vous la prenez sans passion, vous la quittez sans peine, comme vous feriez d'un vêtement. D'amour, vous n'en avez que pour l'argent, et les compagnes qui, de leur dot, paient votre nom, ne mettent pas plus leur cœur dans la balance que vous n'y mettez le vôtre.

L'égoïsme est l'hydre du siècle, c'est un fait. La cupidité tend à troubler l'ordre social, c'est un autre fait ; et pourtant, les élans généreux, les sentiments honnêtes ne sont pas étouffés, ils sommeillent. Réveillons-les sans jeter anathême aux chercheurs d'or, aux aveugles trafiquants de finance ; crions halte à l'ambition de tous ; le bonheur n'est pas dans l'ivresse, il est dans le calme.

La femme non pas vendue mais donnée, les époux non pas étrangers mais unis ; la famille non plus une charge mais un gain, voilà, comme base, le principe sur lequel doit, ce nous semble, reposer la société.

Femmes, ne vous contentez pas d'être les mères de vos fils, soyez leurs inspiratrices; donnez à vos filles la meilleure part de votre cœur, le plus pur désintéressement de votre âme, l'amour du beau, du vrai, du juste, sans lequel l'admiration n'existe pas. Nous vous avons montré sous le toit paternel la jeune fille pauvre. Nous avons mis le doigt sur quelques plaies sociales. Goûtons au miel, laissons le fiel, quelques exemples nous aideront à démontrer que le bonheur de l'humanité est dans la pensée de Dieu.

CHAPITRE III

LA JEUNE FILLE. — SUITE.

C'est bien de la bourgeoisie que sortent en plus grand nombre les types d'après lesquels se règle l'humanité. C'est d'elle que sont tirés, en général, les instituteurs de l'enfance. Dans les colléges, dans les pensionnats, l'enseignement se fractionne et se spécialise, les professeurs se suivent, ils ne se ressemblent pas. Chacun d'eux a une tâche différente à remplir, mais l'instruction est la grande affaire de tous. De ces Instituts, sortent de brillants sujets, qui ont dans la tête beaucoup de science et peu de généreux élans, à moins que la mère n'ait mis en germe dans leur cœur, les bons sentiments qui, tôt ou tard, s'y développent pour porter leurs fruits ; l'égoïsme ou le désintéresse-

ment des fils, prennent leur source au sein de la famille. Pourquoi fait-on une si large part à l'individualité, une part si infime à la sociabilité? C'est que le
père et la mère sont divisés au lieu de faire *une unité*.
Partout où l'action de la femme se fait sentir en mal,
il y a discorde. Et ce n'est pas seulement la mère
qui agit sur ses fils, c'est la sœur sur le frère, la maîtresse sur l'amant, la femme sur l'époux, la fille sur
le père.

Monsieur Dulary avait de grands biens, une fortune
solidement établie; de généreux projets l'intéressèrent,
il travailla à leur réalisation, s'y ruina, et fût tombé
dans le découragement, sans l'appui que lui prêtèrent
sa femme, ses enfants. Aucun, dans cette famille,
aucun ne connaissait le travail; tous s'y appliquè-
rent. Marie, quitta le piano pour les plus humbles
soins de la domesticité, Pauline, devint une ménagère
accomplie, Adèle, surveilla la basse-cour. Hélène, fila
le chanvre, Paul, se fit jardinier, et le soir, quand le
père, rentré de sa tournée médicale, s'asseyait dans le
vieux fauteuil relégué jadis au grenier, c'était à qui lui
apporterait ses pantoufles, sa robe de chambre, son
verre d'eau sucrée, s'empressant à lui lire le journal

ou tel ouvrage de sa bibliothèque. Il n'y a pas de superflu dans cet intérieur, il y a le nécessaire. La mère, avec un ordre admirable, maintient sa maison. Le devoir est sa règle, et comme elle a vécu vivront ses filles, déjà honorées, bénies dans tout le canton dont elles sont la providence ! Y a-t-il un malade alité? elles préparent ses médicaments, apportent du linge, du bouillon, s'établissent près du patient, l'encouragent, le consolent et ne le quittent que rassurées sur la nature de son mal. Le matin, ce sont des femmes chaussées de gros sabots; le soir, ce sont de modestes jeunes filles, bien placées dans un salon, quoique n'ayant jamais minaudé devant une glace. Celles-là on ne les courtisera pas pour leur argent, on les recherchera pour leurs vertus, et si toutes ne se marient pas, c'est qu'il en aura été d'elles comme de ces humbles violettes qu'on n'a pas cueillies parce qu'on n'a pas connu leur existence. Les exemples, dans cette classe, sont nombreux. Sophie M... a vingt ans, un million de qualités, une dot que l'on compte à peine. Sa grâce charmante, son éducation parfaite, les solides vertus que lui ont assurées les exemples de son adorable père et de son excellente mère, en ont fait une personne accomplie, apte à tous les travaux des doigts et de l'esprit. Sophie habite une grande ville de province, où les qualités de l'âme comptent plus que la dot. On a fort recherché sa main, elle l'a refusée, ne voulant la donner qu'avec le cœur. Et puis elle est si utile à son entourage, si aimée de chacun, si dévouée à tous, il faudrait pour l'entraîner, la puissance d'un amour qui ne s'est pas encore manifesté ; et pourtant, aux charmes de la jeune fille, Sophie joint ceux de la jeune femme. Pour son père, c'est un secrétaire intelligent ; pour sa mère, une active surveillante ; pour sa sœur, une amie dévouée ; pour ses petits neveux, une tendre maman, pour les pauvres, une Providence ; le matin, elle veille aux soins du ménage ; dans la journée, elle est tour à tour, maîtresse d'école, peintre, musicienne, sœur de charité, etc. Sa mère l'appelle-t-elle au salon ? elle y chante sans se faire prier, a pour chacun de la bienveillance, pour tous de la politesse, parle peu, ne discute pas, écoute beaucoup et donne à ses compagnes l'exemple d'une réserve modeste. A cette jeune fille, il ne faut ni le brouhaha du grand monde, ni les énervantes émotions du drame échevelé. Un petit cercle d'amis, l'intimité du foyer domestique où règne l'abandon du cœur, voilà, pour elle, le suprême bien. Son père est savant ? elle l'écoute avec intérêt parler science. Sa mère est membre de diverses œuvres de bienfaisance ? elles travaillent ensemble pour les pauvres, et le soir, si quelques amies viennent, on leur demande un peu d'aide, on coud en commun, tandis qu'une personne lit, à haute voix, quelques chapitres d'un ouvrage de choix.

On veille sans excès, le travail n'est pas poussé jusqu'à la fatigue, et l'influence de Sophie sur son entourage est le résultat des sentiments qu'elle-même a puisés au sein d'une famille où chacun se montre naturel. Petits enfants, jeune fille, vieillard, sont harmonisés dans ce cercle, ils n'ont tous qu'un cœur et qu'une âme !

Et si Sophie, par un dévouement commun aux âmes d'élite, oublie, près des siens, la marche des années, si les devoirs qu'elle accepte envers ses neveux la privent elle-même du titre sacré de mère, pour la placer peut-être un jour au rang des vieilles filles, faudra-t-il *ne voir en elle qu'un être antipathique, qu'un champignon au milieu d'une plaine ?* Certes, la maternité est la plus noble tâche de la femme, mais n'a-t-elle pas deux fois mérité ce titre, celle qui s'en rend digne envers des enfants d'adoption?

Mademoiselle Constance Castel, née dans la bourgeoisie, était d'une grande beauté et d'une intelligence élevée. Son frère, marié fort jeune à une femme maladive qu'il adorait, vécut pendant plusieurs années, de la façon la plus modeste. Dès le matin à ses affaires, il n'enr evenait que le soir. Pendant ce temps, qui veillait aux soins du ménage, qui secondait la jeune femme, qui protégeait les petits enfants? Constance, toujours bonne et dévouée. Son avenir, elle ne s'en occupait pas; ses goûts, elle les faisait taire. Le devoir, que tant d'autres eussent regardé comme un sacrifice, elle l'envisageait comme une grâce. Se dévouer pour son frère, pour ses neveux, c'était sa vie, rien ne pouvait lui coûter, elle aimait en raison de la grandeur de la tâche qu'elle avait acceptée. La rivalité, elle ne la connut jamais envers sa belle-sœur; ensemble elles portaient le fardeau du ménage, et, quand le mal s'aggravant força madame Castel au repos, Constance redoubla de zèle pour que rien ne souffrît dans la maison de son frère.

L'institutrice, la garde-malade, la ménagère, elle étai
tout à la fois, avec un zèle adorable!... Des maris? il
s'en présenta.

« Laisse-moi près de toi, dit-elle à son frère, tes
enfants ont besoin de ma tendresse, veux-tu que je
les expose à la perdre, c'est pour ta famille que je
veux vivre et mourir. »

A quelques mois de là, M. Castel perdait sa femme.
Constance restait seule à veiller près de lui sur les
enfants. Bientôt après il mourut, les orphelins ne furent point abandonnés, un cœur généreux les entoura
de sa tendresse, un œil vigilant veilla sur eux, une
main habile les guida. Enfin, quand l'aîné des fils,
devenu grand, put diriger la fortune accrue de ses
frères, Constance, comme un chef qui se donne un
successeur, appela celui-ci à la remplacer. Cette âme
toujours dévouée, aspirait à se réunir aux amis qui
l'avaient devancée!!

« — Ma santé s'affaiblit, mes forces s'en vont, la
« mort approche, mes enfants, — dit-elle, — votre frère
« aîné me remplacera, obéissez-lui désormais, comme
« jadis à votre père. Soyez unis, pour être bénis. De
« là haut nous nous verrons, marchez dans le chemin

« de la vertu, la pureté de vos cœurs réjouira les nô-
« tres ! »

Et cette âme angélique s'envola, laissant après elle,
sur la terre, le souvenir ineffaçable de ses vertus,
l'exemple édifiant d'une vie d'abnégation à toute
épreuve.

Voilà certes une existence à honorer autant qu'elle
fut honorable. Mademoiselle Castel, bourgeoise, ne
rêva d'aucune grandeur et fut digne des regrets donnés à sa mémoire !

Dans le commerce, dans l'industrie, combien de
jeunes filles sont à la tête des affaires de leur père ? A
Besançon, mademoiselle Fesler dirigeait une brasserie
qui occupe de nombreux ouvriers ; administration, direction, tout venait d'elle, et cette main de femme, on
la subissait sans la sentir peser.

L'autorité de l'homme, plus absolue, trouve parfois
des volontés rebelles. Celle de la femme, au contraire,
entraîne. Pour son activité, il n'y a de perdues ni les
heures de café, ni les habitudes du cercle. Tout son
temps, elle l'utilise dans la famille. Abeille travailleuse,
elle ne quitte pas sa ruche.

Dans Paris, les maisons de confection pour l'exportation sont dirigées par des femmes qui créent et font valoir les modèles de hautes nouveautés, ce sont leurs doigts de fées qui président à l'harmonie des colifichets de la mode.

Certes, toutes les jeunes filles de la classe commerçante ne sont pas, au même degré, des merveilles ; mais nous affirmons que le plus grand nombre incline au bien et reste honnête, lorsque la séduction, ce poison de l'âme, ne vient pas troubler leur existence. Si la jeune fille a pu se faire, par l'habileté de son travail, un instrument de richesse au sein de la famille, combien d'autres sont héroïques de persévérance dans les arts ? Entrez au Musée du Louvre, dans la semaine ; traversez ces immenses galeries où, çà et là, sont disposées des toiles sur des chevalets. Comptez le nombre des artistes qui copient, vous y trouverez trois femmes pour un homme et cependant on ne les favorise pas.

Au Conservatoire de musique, la même proportion se remarque dans les classes. Enfin, les institutrices, qui acquièrent beaucoup de connaissances pour gagner peu d'argent, témoignent du zèle ardent de la jeune fille à se créer une profession dans une société où la femme a si peu le choix des moyens. Ouvrière, elle est limitée à la domesticité ou à la couture; artiste, elle n'a d'option qu'entre le théâtre ou le professorat ; commerçante, les hommes absorbent les emplois qui, tout naturellement, sembleraient devoir lui être réservés. Ces messieurs mesurent de la gaze, du ruban, de la dentelle, et quiconque a cru les femmes désireuses de porter le mousquet, d'endosser la robe magistrale ou de devenir boursicotier, celui-là leur accorde ce qu'elles ne demandent pas, pour leur prendre ce qu'elles demandent. Ne corrigeons point l'œuvre de Dieu, ce serait bouleverser la nature. Harmonisons, là est notre mission.

CHAPITRE IV

LA JEUNE FILLE RICHE

Les femmes, on ne saurait trop le répéter, trouvent sur leur chemin peu de jalons et beaucoup de piéges. L'homme, non-seulement cherche à leur plaire, il aspire à les entraîner. Pauvres, elles succombent par l'espoir d'un peu de bien-être, par le désir de s'élever ou d'être aimées.

Bourgeoises, elles cèdent par exaltation, par amour ou par découragement. Riches, elles tombent dans les piéges de l'intrigue, en demandant à l'amour de les sauver de l'ennui, plaie vive de l'oisiveté. On n'a rien négligé pour leur éducation, selon le monde ; du sérieux de la vie, on ne leur en a rien dit... L'arbuste tenu en serre chaude, pousse droit ; mais que les orages

4.

l'atteignent, il fléchit au premier coup de vent et se brise sous la tempête.

De toutes les catégories de jeunes filles, celles que la fortune a favorisées sont les moins expérimentées. La nécessité rend les pauvres ouvrières industrieuses, le bien-être rend les oisives inhabiles. Tandis que les premières ne recourent qu'à elles pour se servir, les secondes sont à la merci de leurs valets. Celles-ci, s'affranchissent par le travail ; celles-là, sont esclaves de leur incapacité physique. Et pourtant, lorsque l'égoïsme n'a pas défloré ces jeunes âmes, que de dons Dieu leur a départis ! On cite complaisamment ces petites personnes guindées dans leurs corsets, emprisonnées dans leurs crinolines, qui n'ont de but dans la vie que le plaisir. Véritables poupées articulées, frivoles créatures qui laissent leur âme s'effeuiller lorsqu'elle cherche à s'épanouir. Langage, mouvement, sentiment, tout est faux en elles; c'est la jeunesse sans fraîcheur ni spontanéité, c'est quelque chose qui s'agite sans but et parle sans réflexion. A celles-là, donnez des millions, elles les dépenseront. Ne leur demandez pas de rien économiser pour les pauvres, elles seraient incapables de compter. Le piano? elles l'ont étudié jusqu'au quadrille. Du dessin? elles n'aiment que les figures coloriées des journaux de modes. En littérature? elles se passionnent pour le programme des spectacles. En jeux de société, pour le bésigue. S'habiller, se déshabiller, penser peu, dépenser beaucoup, voilà ce que ces parasites humains appellent vivre.

Heureusement ce ne sont pas là les femmes, mais quelque chose qui leur ressemble et dont on parle parce qu'il gêne.

Quel contraste entre cette nullité vivante et la jeune fille riche stimulée au bien par sa mère. Mademoiselle Alice Betty aura un jour une immense fortune. Dès son enfance on lui a inspiré l'amour des pauvres. Celle-là n'est pas restée oisive. Elle a travaillé pour les orphelins du sort et s'est fait la protectrice de tous, l'institutrice de quelques-uns. Non-seulement elle donne son superflu, elle prend encore sur son nécessaire. Centre d'un petit comité de jeunes filles, elle les anime de son esprit, leur met au cœur la bienfaisance, et toutes ensemble, mues par une seule pensée, s'ingénient à multiplier les ressources qui doivent accroître leurs charges.

C'est par de jeunes personnes riches que sont soutenus, en France, la plupart des orphelinats de jeunes filles. Nous pourrions citer parmi elles, les plus grands noms, qui possèdent le pur esprit de charité : celles-là, en contractant de nouvelles obligations par le mariage, loin de faiblir, trouvent dans leur dévouement de nouvelles forces ; les frivoles plaisirs du monde ne les distraient pas de leur mission de charité, leur cœur est un foyer qui, plus il embrase, plus il réchauffe !

Nous avons connu une jeune fille, mademoiselle Marie Juillerat, qui se multipliait pour les bonnes œuvres avec une ardeur surhumaine. Le malade couché sur son grabat, l'enfant abandonné, le vieillard prêt à rendre son âme à Dieu, la voyaient arriver les mains pleines. Et ce qui les consolait encore plus que ces dons, c'étaient les douces paroles sorties de cette bouche d'ange.

Deux routes sont donc à prendre pour les femmes ; l'une qui les livre au hasard et les expose aux écueils du vice ; l'autre qui, avec l'aide d'une sage mère, les conduit à Dieu.

Sur ces deux routes, les rangs ne se confondent

pas; mais ici marche le vice enrubanné, bouffi d'orgueil, doublé de sottise, et qu'un échec précipite du faîte des grandeurs dans les bas fonds de l'abjection.

Parallèlement, l'autre voie s'ouvre, tantôt semée de fleurs, tantôt abrupte et rocailleuse. Depuis l'humble enfant pauvre qui s'y traîne jusqu'à la jeune fille qui y marche avec un appui, le terme n'est point incertain, il aboutit à la considération.

Qu'a-t-il fallu pour que toutes, au début de leur destinée, ne prissent pas la même voie? que les unes manquassent de protection; que les autres fussent protégées. A ces pauvres abandonnées, la mère ne servait pas de guide; des autres, elle était la main, l'œil, la parole!

Marcher à tâtons dans les ténèbres, c'est risquer de s'y rompre le cou; éclairer sa route, c'est en abréger le terme et voir de loin le but à atteindre : la vigie active ne se trompe jamais, et le jour où chaque femme comprendra la grandeur de sa mission maternelle, ce jour-là l'homme l'acceptera pour son égale; car ensemble ils régénéreront la société par la transformation de la famille.

CHAPITRE V.

LA FEMME MARIÉE.

Le mariage, ce sacrement devant l'Église, que la loi française rend indissoluble, est-il considéré comme un acte de haute moralité et les contractants se pénètrent-ils suffisamment de l'importance des devoirs que leur nouvelle condition leur impose ? Il y a certainement de saintes unions, de bons mariages, où les époux sont liés par le cœur et s'entre-aident pour l'éducation de leurs enfants. C'est à l'accord de ces couples que l'on doit la transmission du bien dans l'humanité, comme c'est à la désharmonie des autres que l'on doit la propagation du mal.

L'individualisme, en face de la Société, a pris des proportions gigantesques, l'amour *de soi* a supprimé l'amour *de tous* et c'est de cet égoïsme absolu que notre siècle a tiré sa façon d'être. On ne se marie pas pour remplir le vide de son cœur, pour se donner une compagne avec qui accomplir le but de la vie.

La nature provoque la jeunesse à s'unir. L'imagination appelle l'amour ; le plaisir lui répond... Plus tard, c'est la débauche qui parle...

Les jeunes gens pauvres prennent une femme parce qu'ils ne peuvent pas se payer une maîtresse ; les jeunes gens riches prennent une maîtresse parce qu'ils ne sont pas pressés de se donner une femme. L'ouvrier qui se marie pense à l'ordre que sa *ménagère* mettra au logis. L'oisif qui se marie, pense à la dot qu'il palpera. L'un se voit un aide ; l'autre se voit de meilleures rentes. La femme de celui-ci aura toute la charge des enfants ; la femme de celui-là apportera de quoi les faire élever. L'ouvrier, garçon, se marie pour avoir un intérieur. L'oisif, garçon, se marie quand il a ruiné sa bourse et sa santé. Celui-là ne recherche pas le mérite ; il demande à combien s'élève la dot.

De son côté, souvent la jeune fille riche s'est habituée à considérer le mariage comme un marché où chacun

cherche à tromper l'autre. Elle n'attend de son fiancé
ni tendresse ni dévouement. Ils se conviennent au
point de vue de l'intérêt, rien de plus.

Le mariage contracté, chacun reprend ses habitudes
et rentre dans l'indépendance d'action qui bientôt
éloigne les époux l'un de l'autre.

La femme, par la coquetterie, se discrédite en
croyant se venger ; le mari trouve le dégoût où il
comptait sur le plaisir ; tous deux cherchent à s'étourdir. Bientôt l'indifférence les conduit au mépris, le
mépris à la haine et la haine au désordre qui rend tout
possible !

Selon nous, pour *transfigurer le mariage*, il faudrait transformer l'enfance et reprendre la vie à sa
base. Depuis des siècles et des siècles, la science fait
des pédants, l'humanité tâtonne ; l'omnipotence de
l'homme est absolue, et le progrès, loin d'améliorer la
société, ne fait que la pousser à sa perte. N'y a-t-il
pas là le principe d'un mal dont il faut attribuer la
cause à l'éducation faussée des sexes qui se trahissent
où ils devraient se prêter appui ?

L'existence individuelle se complique de mille difficultés que l'existence collective évite. Le chacun pour

soi, le chacun chez soi, multiplie les besoins et restreint les ressources.

Nous n'avons pas à établir ici des calculs de chiffres, les statisticiens savent qu'à isoler les hommes, on accroît leur budget, et qu'on le simplifie en les associant.

C'est sur la question d'intérêt que se règlent presque tous les mariages. La dure loi de la nécessité fausse les rapports sociaux. On se *lie*, on ne s'*unit pas*. L'amour, attraction naturelle à la jeunesse, n'existe plus. On sacrifie le setniment au devoir, le devoir au calcul, et le sacrement du mariage devient une affaire.

Comment nos graves moralistes, nos grands penseurs, ne sont-ils pas frappés du désordre qui déborde à tous les degrés de l'échelle sociale? Et s'ils le voient, comment n'y cherchent-ils pas un remède? Les légistes ont mis dans les lois toute la rigueur qui les rend fortes. Ont-ils empêché le mal?

Les prêtres ont érigé en tribunal l'autel de la pénitence, ont-ils tué le vice et prévenu le crime? Dans les lycées, les professeurs ont largement répandu la lumière. Le gouvernement n'a rien épargné pour le maintien de l'ordre; d'où vient que la ruse et l'audace vont le front haut, que l'intrigue marche à visage découvert, que l'ambition conduit à la faveur, le désintéressement à la misère, la probité à l'hôpital ?

Les hommes ont crié néant aux femmes... Enfants, ils en ont fait des jouets ; jeunes filles, des poupées parlantes ; jeunes femmes, des esclaves ; et la récolte est selon la semence. Tant que la femme ne sera pas en possession d'elle-même, tant qu'elle n'aura pas son libre arbitre, on la trouvera au-dessous de la mission que Dieu lui a assignée dans la famille. Il ne s'agit point d'intervertir les sexes et de donner à l'un les attributions de l'autre. La maternité sera éternellement la sublime part de la femme. Elle transmet et conserve de génération en génération le type humain, pourquoi donc n'est-elle pas élevée en moralité intelligente ? La raison du plus fort n'est pas toujours la meilleure : employons la logique et faisons taire le préjugé.

La femme, dès sa première jeunesse, n'épargne rien pour plaire à l'homme ; si sa grâce naturelle ne suffit pas, la ruse, arme du faible, lui vient en aide. Belle, les hommages l'enivrent ! Bonne, on lui permet d'aspirer à plaire, et si on l'épouse, c'est que sa dot a du poids.

Quant à l'éducation générale des femmes, elle est jetée pour toutes dans le même moule. La fille du peuple apprend à lire passablement, à écrire un peu, à calculer tant bien que mal et à faire œuvre de ses doigts. Pour les autres classes, en France, on gradue l'enseignement non selon le rang, mais selon la fortune. N'est pas instruit qui veut, est instruit qui paie. Et qu'apprend-on aux jeunes filles destinées à devenir mères? ce qui doit les faire briller dans un salon, non ce qui ferait fructifier en leur cœur la semence du bien. On développe en elles l'émulation en leur donnant l'amour-propre pour levier. De là les rivalités, les haines et tout le cortège menteur que la coquetterie met au service de la ruse. Pour triompher d'un cœur qu'elle a convoité, la jeune fille emploie les séductions de la grâce, l'artillerie du regard, l'éloquence du sourire! Cousue aux jupons de sa mère, il lui semble que, du jour où elle aura le bras d'un époux pour son bras, elle volera de ses propres ailes. Erreur! le préjugé, cette sottise des siècles, met une barrière à la liberté de l'épouse; elle prétend être l'égale? lui, veut être le maître absolu. La dispute naît de la discussion, et quand, par diplomatie, la femme ne se résigne pas à ruser comme une esclave, elle se révolte, outragée dans sa liberté, méconnue dans sa dignité.

Est-il besoin de violence pour éviter l'un ou l'autre de ces deux dangers ? non, où préside la justice, s'annulle le droit : où est l'égalité, l'autorité n'existe plus et le mariage est saint entre deux êtres égaux !

Jeunes hommes qui livrez à la débauche les plus belles années de votre vie, n'apportant à vos femmes qu'un cœur flétri, qu'une imagination décolorée, ne vous en prenez qu'à vous de l'entraînement que le monde leur inspire ; vous aviez compté sur une garde-malade ? c'est une enfant, avide de plaisirs, qui vous a été donnée. Ne la laissez pas aller au hasard, dirigez-la, ramenez-la. Si, à défaut d'amour, vous méritez son estime, un jour la maternité fera, pour elle, plus que vous-même.

Les hommes ne doivent point imputer aux femmes les travers qu'elles caressent. Eux seuls sont les maîtres, eux seuls font les lois, eux seuls dirigent le monde. Et, dans un siècle où l'argent tient lieu de tout, la femme de mérite sans dot ne trouve qu'exceptionnellement un mari. La généralité des filles pauvres coiffent sainte Catherine.

De cette exclusion, justifiée par les difficultés réelles de la vie, résultent les mauvais mariages. On se recherche sans se connaître et l'on se met au cou une chaîne.

Régler son budget, en discuter les charges, là est la communauté. Mais le mariage garanti *sur espèces*, est-il cet acte sacré qui confond deux destinées et que la mort seule peut rompre ! En vérité, les unions devant l'intérêt sont les antipodes du mariage devant la conscience ; et si la société manque de lien, c'est que tous ne concourent pas, dans la mesure de leurs forces, à garantir à chacun son pain quotidien, sa place au soleil. Dans cette œuvre commune, les femmes auraient leur part, sans empiéter sur des attributions qui ne sont ni dans leurs goûts ni dans leurs moyens. Que la balance du droit soit tenue juste, que l'homme regarde avec équité sa compagne et, successivement, toutes les plaies dont souffre l'humanité disparaîtront : la femme, être passif, deviendra active. Il nous reste à prouver, par des exemples, ce que peut une mère sur son entourage.

CHAPITRE VI.

LA FEMME DU PEUPLE.

La femme du peuple est, par le fait de sa condition, l'égale de son conjoint. Elle a, comme lui, un état; elle partage ses charges ; la communauté du malheur les rive à la même chaîne. Dans cette classe, l'influence maternelle se fait sentir ou efficace ou désastreuse. De quel degré sort la lie du peuple? des mères abjectes qui, traînant leur impudeur dans la fange, n'ont eu souci ni d'elles, ni de leurs enfants, et pondent dans les hospices, sans même savoir le nom de l'homme aviné qui, bestialement, s'est un moment approché d'elles ; celles-là n'ont ni feu ni lieu ; mangent d'un côté, couchent de l'autre, vivent au jour le jour dans la paresse, glanent ou mendient, sans souci

ni de leur corps ni de leur âme. On les voit sur la plac
publique autour des bateleurs et des saltimbanques
dans les prisons et les hospices, partout où le vice es
séquestré, où l'abjection est prise en pitié. Ne de
mandez pas à ces créatures ce que sont leurs enfants
si elles les allaitent, c'est pour les exposer aux re
gards des passants qu'elles apitoyent en se créant
par l'aumône, les moyens de vivre sans travail. Le
maisons de correction, les maisons centrales, se rem
plissent de ces épaves humaines. Lorsque le vice es
dans le sang, pour en détruire le germe, il faut arra
cher le nourrisson au sein de sa mère et lui donner u
lait qui lui refasse un corps sain et une âme pure.

Enlever le nouveau-né à sa mère dépravée, c'es
couper court à la contagion ; confier le petit enfant
des mains pures, ce n'est pas seulement le soustrair
au vice, c'est lui inoculer la vertu et faire comme l'ha
bile jardinier fait pour la faible plante qu'il étaie.

Aux femmes dévouées, cette première tâche d
mères, deux fois mères ! A la société tout entière, l
patronage des orphelins du sort.

Et si nous avons pris dans la lie du peuple des en
fants sans appui, des âmes sans guides, hâtons-nou

d'ajouter que le *vrai peuple*, celui qui vit de son travail, est le contraste frappant des époux de bas étage.
Pour celui-là, plus la famille est nombreuse, plus il y
a de bras et d'aides.... les grands soutiennent les
petits ; la mère veille sur la couvée, blanchit, raccommode le linge, apprête les repas, apprend à ses filles à
la seconder, et trouve une heure, le soir, pour les faire
prier Dieu. Celle-là ne doit pas compte du temps
perdu. L'exemple et la leçon, elle a tout donné, et
comme elle a été travailleuse, ses enfants seront travailleurs.

Qu'un ménage bien uni tombe en désaccord par le
fait de l'un ou même des deux époux. Qu'il y ait dans
la famille plusieurs enfants, on verra souvent ceux-ci
se partager en deux camps et prendre parti, qui pour
le père, qui pour la mère. S'ils ne se prononcent
pas, s'ils restent témoins de ces débats, un jour ils
s'en feront les juges, et les torts qu'ils reconnaîtront à
leurs parents, seront ceux qu'ils éviteront le plus,
comme aussi les faiblesses qu'ils excuseront seront
celles qu'ils partageront tôt ou tard.

Nous avons longtemps vécu dans l'intimité d'une
famille où tous étaient une seule âme. Par un double

malheur, le père perdit, à la fois, sa fortune et sa femme. Aucun des enfants n'était d'âge à diriger les autres. L'imprévoyance de celui-ci, l'inexpérience de ceux-là, jetèrent le désordre dans la famille. Le père but pour s'étourdir, les enfants s'étourdirent pour se distraire. En quelques années le mobilier fut saisi et vendu, il ne restait plus rien. On recourut à la pitié de parents riches ; les uns n'eurent à offrir que des conseils ; les autres qu'un trop faible secours. Le père, s'enivrant de plus en plus, perdit tout sentiment du devoir et mourut bientôt à l'hôpital. Restaient six enfants, dans une petite chambre, sorte de trou sous le comble, prenant jour par le toit : — « Travaillons, dit l'aînée à ses frères. »

« — Travaillons, » répondirent-ils.

« — Toi, Paül, tu as douze ans, tu entreras chez
« d'honnêtes gens, pour faire n'importe quoi. Toi,
« Louise, tu me seconderas. J'ai quinze ans, tu at-
« teins, dans un mois, tes quatorze ; nous mettrons
« Jules, Eugénie et Zoé à l'école gratuite ; nous cher-
« cherons de l'ouvrage, et, la santé, le courage aidant,
« nous soutiendrons les petits. »

Le projet était hardi ; il réussit. La jeune ménagère,

secondée par quelques dames dévouées, vit prospérer et grandir son industrie. En quelques mois elle suffit aux besoins de la famille ; en quelques années elle en fut la Providence, et sa maison, l'une des plus honorées, est aujourd'hui l'une des plus honorables de Paris.

Qu'eût-il fallu pour entraîner ces six enfants à leur perte? deux ans de moins à l'aînée et aucune volonté.

Si de l'ignorance des classes inférieures et de ses appétits grossiers naissent les vices, du courage de l'ouvrier laborieux naissent les vertus. Le bateleur, le saltimbanque, *le faiseur de bourses*, sortent en général de la lie du peuple et vivent insouciants du lendemain. Ceux-là n'ont nul respect pour la dignité humaine, le nom qu'ils reçoivent en naissant ils l'échangent contre le premier sobriquet venu ; que leur importe? leur pain quotidien est le prix d'une parade ou d'une bouffonnerie de tréteaux.

Et cependant, parmi ces insouciants histrions des deux sexes, çà et là, se trouvent des comédiens philosophes qui rient, tout bas, du public affolé de leur costume carnavalesque, de leur langage plaisamment sarcastique, de leur esprit poussant à l'hilarité.

Mangin, et quelques-uns de ses imitateurs, ne portent-ils pas fièrement le casque du charlatanisme, et leur jargon n'a-t-il pas des éclairs de génie ? Mangin est, aujourd'hui, l'acteur privilégié du théâtre circulant. On n'achète pas ses crayons pour ce qu'ils valent, on les paie pour échanger de la monnaie contre quelques bons mots du vendeur facétieux. Il est vrai que Mangin prime les jongleurs vulgaires de toute la hauteur de son char... Il ne dissipe pas, celui-là, il amasse ; il n'est pas trivial, il est drôle ; on ne l'aime pas pour la place publique, on aime la place publique pour lui.

Paris dans ses jours de fêtes nationales, alors que le mât de cocagne est en honneur, que le boudin fume en plein vent dans la même poêle que la saucisse ; Paris, disons-nous, voit surgir de toutes parts des industriels nomades qui dressent ici un banc, là quelques chaises dépaillées. Ces malheureux, vêtus de haillons, tirent du chiffonnage leur industrie habituelle ; mais, semblables au vautour, ils tombent sur la première curée offerte à leurs appétits et visent aux gros sous, seul objet de leur ambition.

Sortez le matin, tandis que dort encore le Paris bourgeois, le Paris aristocratique ; de tous côtés, vous verrez surgir des familles qui, dans les immondices du ruisseau, cherchent les détritus culinaires destinés aux chiens errants, et dont pères, mères, enfants, font leur profit ; les balayures de magasin leur appartiennent : le beau papier ne sort-il pas du chiffon comme le noir animal de l'os calciné ?

Pauvres industriels, leur métier les fait se traîner dans la boue, et facilement chez eux l'âme et le corps fléchissent ensemble sous le poids de la misère. Néanmoins, la corporation des chiffonniers s'est constituée, et son comité, par l'obole du malheur, vient en aide aux plus nécessiteux. Il y a, parmi ceux-ci, des débris de toutes les gloires déchues. Gens de lettres, hommes titrés, femmes galantes, enfants abandonnés : ce que la charité rejette, le chiffonnage le ramasse ; mais l'on proscrit en bloc la masse pour se dispenser d'un triage partiel...

Triste logique ! rigoureux ostracisme, qui précipite les meilleurs dans un abîme où la vertu reste enfouie !!! Certes, l'aumône se fait des deux mains à Paris ; mais est-ce par l'aumône que l'on doit relever la misère, et la solidarité de tous ne profite-t-elle pas mieux à chacun que l'assistance publique ?

Honte à qui, libre de ses bras et sain de son corps, reçoit gratuitement le pain qu'il pourrait gagner par son travail. Mieux vaut chiffonner que mendier, et combien de riches roulent en voiture, qui n'ont pas la conscience nette ? N'interrogeons point les joueurs de Bourse, ce casse-cou du steeple-chase financier, ils feraient la sourde oreille; halte plutôt, près de l'ouvrière honnête.

CHAPITRE VII

LA MÈRE OUVRIÈRE

> « Travaillez, prenez de la peine,
> « C'est le fonds qui manque le moins. »

Ce précepte de La Fontaine, les femmes de la classe ouvrière le mettent ordinairement en pratique ; mais les mères surtout en rehaussent le prix, par une assiduité laborieuse qui ajoute leur travail de nuit aux heures actives de leurs journées. L'ouvrier, en touchant sa paie, le samedi, manque rarement d'offrir à boire au camarade qui, comme lui, a attendu chez le patron. On entre au cabaret ; le vin est versé, il faut le boire. La causerie s'anime, le cerveau se trouble, et l'argent, fruit d'une semaine de labeur, est souvent dissipé en moins d'une heure.

L'ouvrière, elle, n'a pas de ces tentations ; mère de famille, ses joyaux, ce sont ses enfants. Non qu'elle soit insensible au spectacle de la nature, aux délassements de l'esprit, mais d'autres existences la rivent au devoir. Jeune fille, la prudence de sa mère l'a arrachée aux séductions du vice, et, comme il lui a été fait, elle fera. Quel courage et quelle sérénité en cette femme ! Sa couvée est nombreuse, son zèle suffit à tout !... ses enfants l'aiment, ses voisins l'estiment, les indifférents la respectent, le travail la sanctifie !...

C'est dans une famille ouvrière honorée qu'il faut s'arrêter pour constater l'efficacité morale du travail. Si le père et la mère s'entendent, la ruche est riche en bons fruits ; si, au contraire, la désharmonie est entre eux, les garçons vont d'un côté, les filles de l'autre ; ceux-ci contractent des vices au cabaret ; celles-là sacrifient leur honneur pour quelques colifichets. Souvent les garçons encourent des peines infamantes ; les filles, elles, elles vont à l'infamie... Les apprentis voleurs, les jeunes prostituées, sortent des mains de parents insouciants. L'exemple du bien leur a manqué ; ils ont eu l'exemple du mal et personne, dans un milieu égoïste, n'a pris charge d'eux, ne s'est substitué à leur directeur naturel. Ainsi abandonnés, ils ont glissé, les pauvres orphelins, sur la pente de leurs passions !...

La femme active au travail, aimée de son mari, aimante pour ses enfants, n'aura pas besoin pour accomplir ses devoirs d'autres guides que son cœur. De ses marmots aînés, elle se fera des moniteurs pour l'éducation des cadets. Les petits useront la défroque des grands ; la réciprocité et la mutualité feront d'eux une *unité multiple sous un même nom.* Leurs devoirs envers Dieu, envers leurs semblables, envers eux-mêmes, ceux-là les auront compris. Leur mère n'a pas faussé les élans de leur cœur. L'orgueil qu'il est permis de caresser par le sentiment d'un devoir accompli et les autres jouissances, prix de la vertu, ils les auront dus à celle qui leur a donné la vie. Et si l'âge des études venu, le bien-être de la famille permet à ces enfants de franchir les degrés de l'école communale, l'éducation opérera en eux des prodiges. L'enseignement ne connaissant de supériorité que celle de l'application et du mérite.

Le génie humain se féconde par le travail. Si les grandes découvertes ont immortalisé tant d'inventeurs,

6.

ceux-ci dans leur enfance avaient été sans doute doucement stimulés à l'application par leur éducation première. Or, il faut rendre cette justice aux fils qu'ils sont ambitieux de glorifier leurs mères.

Heureuse l'artisane qui se fait centre et pivot de sa jeune famille, qui la pousse, non pas à s'affranchir du joug maternel, mais à l'honorer ! Les commandements disent : « *Tu travailleras six jours, tu feras* « *ton œuvre et tu te reposeras le septième jour ; car le* « *septième jour est le repos de l'Éternel ton Dieu.* »

Nous ne croyons pas que le Créateur se repose ; lui qui soumet les astres aux lois du mouvement de toute éternité ; lui qui, le dimanche, comme les autres jours, nous donne la lumière du soleil, les fruits de la terre, le cours des eaux, les bienfaits de la vie, les accidents de la mort. Souhaitons cependant à la mère ouvrière, après l'élévation de sa pensée en actions de grâce, un gain suffisant en six jours pour qu'il lui soit donné de se reposer le septième.

Réparez vos forces, créatures faibles, mais bénissez le travail, il fait l'homme créateur et l'achemine à la liberté.

CHAPITRE VIII

LA MÈRE BOURGEOISE

La bourgeoisie est, dans l'ordre social, une classe qui, par un côté, touche au peuple ; par l'autre, à l'aristocratie. Le bourgeois, l'habitant du bourg, comme son nom l'indique, s'est mêlé au mouvement social pour en maintenir l'équilibre. Chaque progrès lui a dû quelque chose, l'histoire est là pour le démontrer. Peu à peu le titre de bourgeois s'est étendu à tout ce qui n'est ni noble ni artisan. Les professions libérales, le haut commerce, ont été, comme autant de branches se rattachant à la bourgeoisie, juste-milieu social. De ce point, quelques-uns descendent ; mais le plus grand nombre tend sinon à monter du moins à se maintenir.

L'opposition à l'absolu se trouve bien plus dans la

bourgeoisie que dans la noblesse ; toujours privilégiée et, par ce motif, moins remuante : le bourgeois, moyen terme entre le serf et le seigneur, entre le possesseur et la chose possédée, prenait part à la vie politique, tandis que sa compagne veillait au foyer domestique, son sanctuaire. Les attributions de chacun, distinctes et séparées, n'excluaient pas l'harmonie du couple. L'autorité du père laissait à la mère une certaine liberté; elle gouvernait ses filles et régnait sur ses garçons. Mais, ignorante des devoirs que la société impose, elle laissait croître et se développer, dans la famille, ces jeunes cœurs inexpérimentés qui, tôt ou tard, devaient se heurter au monde. Par exception il arrivait que, de la tutelle de la mère, les filles passaient, sans crise, sous la tutelle du mari. Doucement préparées à l'obéissance, elles changeaient de maître sans surprise ni émoi et continuaient de vivre passivement jusqu'au jour où la maternité leur révélait une nouvelle existence et de nouveaux devoirs. Çà et là, à travers les siècles, quelques âmes surgissaient grandes ; quelques esprits éclairés se faisaient jour, qui demandaient pour la femme, compagne de l'homme, mère de l'humanité, autre chose que la subordination de l'esclave, que la dépendance du mineur. Voix éloquentes, mais étouffées, en vain elles s'élevaient pour la plus sainte des causes ; les préjugés maintenaient contre elles des us et des coutumes qui, déjà, n'étaient plus dans les mœurs.

Des mères pénétrées de leurs devoirs, sont nés les esprits élevés qui, voulant la justice pour tous, l'ont réclamée sans arrière-pensée, pénétrés des bienfaits d'une sage liberté.

Par un revirement que la physiologie explique, les filles participent des qualités de leur père, les garçons de celles de leur mère. Si le principe est vrai, si les sentiments moraux se transmettent d'un sexe à l'autre, tôt ou tard se produira, le progrès aidant, l'égalité des sexes. En lisant la vie des grands hommes de l'humanité, nous trouvons qu'ils ont pris à leurs mères, qui, le courage, qui l'héroïsme, qui le sarcasme. Les Gracques durent à leur mère l'héroïsme qui mit la victoire de leur côté.

On n'a pas assez recherché, dans le mal comme dans le bien, les causes qui les produisent. En général le vice procède du vice ; la vertu procède de la vertu. La fille d'une courtisane, née d'un père hon-

nête, pourra être une honnête femme; mais d'un ac-
couplement impur que doit-on attendre, non l'i m -
pureté ?

Il faut bien le reconnaître, la classe bourgeoise est,
par sa position même, en demeure de contribuer d'une
façon puissante au développement social. Les arts, la
science, l'industrie, ont pour apôtres des fils de bourgeois. Mais de cette classe, comme éducation, que
sort-il? pour les femmes, l'enseignement s'y traîne
encore dans l'ornière de la routine et, comme jadis,
tient plus à paraître qu'à être.

Dans le *Livre des Femmes*, livre tout réaliste selon
notre ordre social, subversif, l'auteur a donné à ses
lectrices une série de préceptes qui nous ont rappelé
Molière et son *École des Femmes*. Nous citerons ic[i]
cet illustre écrivain, pour faire ressortir l'ironie de
quelques-unes de ses maximes sur le mariage, nous
étonnant de leur trouver de sérieux apologistes :

PREMIÈRE MAXIME.

Celle qu'un lien honnête
Fait entrer au lit d'autrui,

Doit se mettre dans la tête

Malgré le train d'aujourd'hui,

Que l'homme qui la prend ne la prend que pour lui.

Elle ne se doit parer

Qu'autant que peut désirer

Le mari qui la possède ;

C'est lui que touche seul le soin de sa beauté,

Et pour rien doit être compté

Que les autres la trouvent laide.

DEUXIÈME MAXIME.

Pour bien plaire à son époux,

Elle ne doit plaire à personne.

TROISIÈME MAXIME.

Dans ses meubles, dût-elle en avoir de l'ennui,

Il ne faut écritoire, encre, papier ni plumes.

Le mari doit, dans les mêmes coutumes,

Écrire tout ce qui s'écrit chez lui.

Nous en passons et des meilleures ; que ces messieurs nous le pardonnent, Molière s'est *vertement
moqué d'eux ;* a-t-il eu tort ?

En vérité, il est temps, Mesdames les bourgeoises,

de ne vous point croiser les bras pour laisser à des mains étrangères les soins de la maternité. De la nourrice à l'école, de l'école au mari, voilà pour beaucoup d'entre vous le lot des enfants? Est-ce par de tels moyens que vous espérez voir proclamer l'égalité des sexes? êtes-vous réellement les égales de vos maris? Comme ces folles filles livrées par état à la galanterie, vous vous plâtrez le visage et vous fardez à vous enlaidir, pour cacher une ride précoce. Travaillez à conserver jeune votre esprit. Dans la classe où vous êtes, il y a d'admirables types de dévouement, ce sont-là des modèles à suivre. Il nous souvient de l'organisation des asiles, ces premières écoles des babies. Une âme pétrie par Dieu pour la charité, madame Émilie Mallet, quittait, chaque jour, son riche hôtel et, pieuse comme la prière, après avoir accompli ses devoirs quotidiens de maternité, elle se constituait la Providence des pauvres. Le zèle de cette dame n'attendait ni éloges ni reconnaissance d'aucun, elle reportait tout à Dieu et, chrétienne, le pauvre était celui qu'elle appelait son frère! Adorable vertu, saint élan de la vraie charité, c'est ton front qu'il faut couronner, c'est ta pratique qui angélise.

La sœur Rosalie, si active dans son zèle pieux, et que ne lassaient ni les refus des grands, ni l'injustice des petits, ne fut-elle pas un de ces nobles types que les personnes de toutes classes et de tous âges devraient avoir sous les yeux? Dans nos souvenirs, nous retrouvons des noms de femmes desquels doit s'honorer la bourgeoisie. Madame Juillerat-Chasseur, brillante d'esprit, entourée d'affection, se distingua par tous les côtés d'une charité vive. Dans son intérieur, mère et prêtresse, on l'aimait autant qu'on l'honorait; elle justifiait cette maxime :

Ce que femme veut, Dieu le veut.

Que toutes veuillent ce que veulent quelques-unes, et la morale sera relevée.

Ce que femme veut?

Il n'y a là ni subversion ni usurpation. La femme doit s'honorer d'être femme ; à elle le culte intime du foyer, où elle exerce sa douce influence. Que gagnerait-elle à se barder de fer? Laissons aux hommes la lutte, mais inspirons aux deux sexes le désir d'agir dans un but commun.

Ce que femme veut, Dieu le veut !

Vous qui gouvernez, Messieurs, voyez comment

tout marche : la cupidité prime l'intelligence, l'égoïsme tient le haut du pavé, le culte religieux n'est qu'un semblant de religion, la famille, qu'un cercle sans intimité.

Essayez d'élever la femme à votre niveau ; faites qu'elle prenne possession d'elle-même et renonce à la frivolité, sans abdiquer la grâce.

Ce que femme veut, Dieu le veut.

Le principe est posé, que chacun ait sa part d'égalité. Les hommes savent tout. Les femmes ne savent rien. Où est l'égalité ? Du désaccord peut-il naître l'harmonie ? Un hanneton regarde-t-il le soleil comme l'aigle ? Et qu'est-ce que l'éducation donnée à la femme, comparée à celle que reçoit son conjoint ? Il ne suffit donc pas que l'homme veuille, il faut que la femme veuille aussi. Sinon Dieu ne voudra pas.

CHAPITRE IX

LA FEMME ARTISTE

La femme artiste, par son talent, arrive à conquérir l'égalité devant la renommée. Mesdames Mars, Rachel, Malibran, Viardot, Pleyel, Rosa Bonheur, etc., ont obtenu de la foule tout ce que la foule accorde à la célébrité. Mais dès le début de leur carrière, celles-ci ont-elles trouvé appui et protection? Demandez à leurs intimes et à la masse de jeunes artistes qui, toutes les années, se présentent pour contracter des engagements. A chaque pas, la séduction leur dresse des embûches. Jeunes et jolies, on flatte leurs goûts, on encourage leur coquetterie. Échappent-elles à la convoitise de qui devrait les soutenir? les chevaliers du pince-nez se les arrachent, il n'y a plus à débattre avec eux que la question d'argent. Bientôt, ces dames, comme leurs amants, jouent à la Bourse ; par ce temps d'affaires pressées, on a si peu d'heures à donner à l'amour !

De là, le triomphe des beautés faciles qui n'exigent ni soupirs ni serments.

Cependant, quand les femmes artistes résistent, combien, sur leurs fronts, la vertu a d'éclat? Rose Chéri, l'éminente artiste, est restée pure au théâtre comme si la séduction n'existait pas. Madame Pauline Viardot, épouse, mère, est un modèle des devoirs accomplis. Madame Faure-Lefèvre, de jeune fille honnête, est devenue une chaste et digne jeune femme. Il n'est point rare de voir des artistes de grand talent posséder au plus haut degré les qualités intimes de la famille. Samson, au milieu des siens, est un bourgeois cultivant les fleurs et la littérature. Rien de plus charmant à connaître que madame Marie Taglioni, entourée de sa famille, de ses enfants, que la sylphide abrite sous les ailes de son amour avec une tendresse qui ne cherche point à se montrer, mais que l'on devine et pénètre. Duprez, dans son école au ton si parfait, est comme un père de famille, et la leçon qu'il donne revêt les formes douces du conseil affectueux. Le frétin des arts, la *racaille* du genre, se figure qu'un ton vulgaire, des allures débraillées, un jargon bâtard et du décousu dans le cerveau, constituent les signes auxquels le talent se reconnaît. Là, est le grain de folie de l'artiste avorton. Il a eu certaines velléités de création, lui ; mais, soit que le malheur l'ait perdu ou l'amour-propre égaré, il est resté *fruit sec* et mourra dans la peau d'un comparse de théâtre, d'un badigeonneur à la toise ou d'un ménétrier de village. Ce n'est pas sur le chemin de cet égaré qu'il faut chercher l'artiste, on ramasserait le bohême. Le premier, pour parvenir, travaille ; arrivé, il travaille encore pour se maintenir ; le bohême se chauffe au soleil, s'abrite où il peut et vit au jour le jour. L'artiste ambitionne d'avoir un hôtel à lui ; le bohême se soucie peu d'aller mourir à l'hôpital ; l'artiste tient à s'élever ; le bohême se plaît terre à terre. Tous deux, en naissant, avaient de semblables aspirations, comment ont-ils suivi des routes si contraires? C'est que le point de départ de leur éducation a différé. Le véritable artiste a eu sans doute, dans son enfance, les soins, la sollicitude d'une mère ; le bohême a dû manquer d'af-

fection et de conseils. L'artiste a suivi une ligne tracée ; le bohême, s'est abandonné au hasard. L'un a
trouvé sous ses pas la route faite ; l'autre s'est traîné
par des sentiers tortueux. Celui-ci cueillait des fleurs ;
celui-là se meurtrissait aux épines. On criait bravo à
l'artiste ; on huait le bohême ; sous le nez du premier,
la foule brûlait son encens ; le nez du second ne humait
que la fumée du tabac...

Et la société exigerait les mêmes devoirs de ces
deux hommes ? et leur compte, devant Dieu, serait
égal ; non, la récolte pour chacun est selon la semence...

Mais, si l'homme bohême est un objet de pitié, que
sera la femme bohême ? jeune, elle vivra sur les gé-
nérosités de ses amants ; délaissée, elle descendra des
sommités du luxe dans la fange.

Si dans la société, ce sublime précepte : « *Aimez-
vous les uns les autres* » était mis en pratique, il n'y
aurait pas, dans chaque ville, une masse flottante
d'individus, hommes et femmes de tous âges, livrés
au va et vient de l'aumône. Ce qui manque au principe social, c'est l'esprit de corps, la solidarité. Le
rouage général marche assez régulièrement, on dirait,

à le voir aller si grand train, que le mécanisme en est
excellent ; mais examinez chacune de ses parties, et
leurs défectuosités vous sauteront aux yeux ! Exemple : Les habitants du Sud et ceux du Nord de l'Amérique sont en guerre. L'industrie cotonnière est me-
nacée de chômage, on suspend le travail partout, les
transactions ne se font plus, la panique augmente :
l'affranchissement des noirs met les blancs sous le
coup de la misère ; l'argent, qui payait le luxe, paie
la poudre à canon ; et, des bords du Potomac aux ex-
trémités de l'Europe, la souffrance se fait sentir. Certes, elle est légitime cette cause qui a pour objet *la
liberté d'une classe d'hommes traités à l'égal du bétail.*
Ce que nous déplorons, c'est l'entêtement des escla-
vagistes ; ce qui nous étonne, c'est que, même en les
affranchissant, les Américains du Nord traitent les
noirs du haut de leur supériorité. Un homme est-il
d'origine métisse ou quarteronne ? on le juge indigne
de s'asseoir à la table d'un blanc : — « Mon père était
mulâtre, — disait un blanc, peu fier de sa lignée, —
mon grand-père était nègre, quant à mon bisaïeul, je
ne jurerais pas qu'il n'eût été *orang-outang.* »

Et telle est l'opinion de la plupart des Américains

abolitionistes, qu'ils voient, dans la race nègre, le premier rudiment humain. Ils se donnent bien pour mission de l'élever, mais à condition de la tenir au-dessous d'eux.

En Amérique, plus qu'en aucun autre pays, l'égalité des sexes est un fait accompli ; les femmes y jouissent d'une parfaite liberté. Chez nous, la femme artiste a seule conquis son indépendance. Au théâtre, elle est applaudie ou sifflée ; peintre, musicienne, elle est livrée aux critiques qui, d'ordinaire, la louent ou la blâment.

Les arts élèvent quiconque porte dignement un nom d'artiste. C'est du sein d'une corporation intelligente que devrait sortir l'idée d'une vaste association, fondée sur le principe de la *solidarité* et de la *mutualité*. Le baron Taylor a posé les jalons, reste à compléter l'œuvre. Jusqu'ici, les associations se sont procuré de l'argent par de petits moyens, et ont donné une aumône où il eût fallu ouvrir un crédit. C'est ainsi que sept ou huit œuvres, soutenues par des cotisations, des concerts, des quêtes, des représentations dramatiques, *vivotent* tant bien que mal sur un revenu qui ne leur permet que *l'assistance;* certes, c'est beaucoup déjà ; mais avec des vues plus larges, quel bien ne ferait-on

pas? Supposez tous les artistes associés et les associations solidaires entre elles? chacune prêterait secours aux autres. Le théâtre, fournirait aux peintres
les costumes ; les peintres, en échange, feraient pour
les théâtres des décors ; quelques musiciens jouissent
des honneurs scéniques ; mais combien restent en chemin sans avoir jamais eu d'audition? Il ne suffit pas
d'avoir du talent pour parvenir, il faut des appuis ou
des rentes et, si le hasard, du bas de l'échelle, élève
quelques artistes au sommet, ceux-là sont l'exception
qui confirme la règle : il n'y a pas de couronnes pour
tous les fronts. Le mérite pauvre a de la peine à per-
cer. Les places acquises sont gardées comme des cita-
delles où des sentinelles veillent qui crient : *On ne
passe pas !* Les talents constatés, les réputations acquises se cramponnent à leurs places et s'effraient de
l'audace des concurrents.

Si le théâtre, au lieu de pervertir, améliorait, son
extension profiterait à tous, et les femmes plus facilement arrivées deviendraient pour les débutantes des
amies, non de dangereuses rivales. Les gloires une fois
consacrées, ne se contestent plus. Rachel n'avait à
redouter personne. Les deux dames Brohan, qui ont

hérité du talent de leur mère, feront place, sans ja-
lousie, à deux de leurs nièces destinées au théâtre.
Mais pour un élan généreux, que de basses intrigues ?
Les petites rivalités, les sottes ambitions, ulcèrent le
cœur d'un grand nombre d'artistes, et déflorent, dès
les premiers jours, l'imagination des femmes. C'est
que pour celles-ci, parvenir, c'est traverser toutes les
impuretés de la vie. Quelques-unes, sans doute, ont
atteint le but sans chute. Celles-là, on les compte ! ! !
Les autres tombent, se relèvent, retombent encore, et
sont brisées avant d'arriver ? Pauvres femmes ! la société leur tend des embûches au lieu de leur prêter
appui, et l'on a sous les yeux ces exhibitions impudi-
ques devant la rampe, qui provoquent au libertinage
et flétrissent l'amour.

Les femmes artistes, comme savent l'être Mesdames Faure, Laurent, Taigny, Guyon, Ristori,
Viardot et d'autres, prouvent ce que peuvent ensemble le talent et la vertu ! Dans une société où l'argent
n'escompterait pas la gloire, ce n'est plus chez quelques femmes que se trouveraient les qualités du cœur,
c'est chez la généralité, et ce qui fait l'exception deviendrait la règle.

Quel désir qu'on ait du contraire, il faut, de par l'équité, proclamer, dans les arts, *l'égalité des sexes.* La femme, au théâtre, est affranchie, du jour où le public l'a acceptée et, n'en déplaise au moderne sophiste *Junius,* on n'ôtera pas à l'élément dramatique la femme, qui en est le charme. Élever l'actrice, ce n'est pas lui ôter sa grâce, c'est la vouloir, de tous points, supérieure au vulgaire.

Est-il, en effet, bien prouvé, Messieurs, que Dieu vous ait pétris d'une essence supérieure? La Genèse nous apprend que la femme fut la dernière œuvre du Créateur, Adam avait été tiré de l'argile, Ève fut tirée d'une côte d'Adam et il l'appela *Homésse* ou *semblable à lui-même.*

Que les femmes se rappellent leur origine, non en vue de dominer mais d'égaler ceux qui partagent leur destinée; que l'actrice se farde pour subir l'éclat de la rampe, rien de mieux; mais à quoi bon ces couches de pastel dont se couvre la femme du monde? La Bruyère a raison quand il dit:

« *Chez les femmes, se parer et se farder, est plus que le travestissement et la mascarade où l'on ne se donne point pour ce que l'on paraît être; mais où l'on pense seulement à se cacher et à se faire ignorer.* »

Et il ajoute :

« *Si les femmes veulent seulement être belles à leurs propres yeux et se plaire à elles-mêmes, elles peuvent, sans doute, dans la manière de s'embellir, dans le choix des ajustements et de la parure, suivre leurs goûts et leurs caprices; mais si c'est aux hommes qu'elles désirent plaire, si c'est pour eux qu'elles se fardent ou qu'elles s'enluminent, j'ai recueilli les voix, et leur prononce, de la part de tous les hommes ou de la plus grande partie, que le blanc ou le rouge les rendent affreuses et dégoûtantes; que le rouge seul les vieillit, et les déguise.* »

Ces messieurs fument le cigare, boivent toutes sortes de liqueurs alcooliques et en gardent le bouquet, tandis que les femmes se parfument. Soins d'un côté, oubli des convenances de l'autre. Si les femmes le voulaient, elles corrigeraient leurs amants et leurs époux; mais il faudrait vouloir.

CHAPITRE X

LA FEMME INDUSTRIELLE ET INDUSTRIEUSE

Notre société place la femme, de la tutelle de la mère sous celle de l'époux ; elle n'est libre de contracter qu'émancipée, autorisée ou veuve. Rivée à une condition de dépendance, elle subit une exploitation arbitraire et voit, le plus souvent, le fruit de son travail enrichir le maître, qui lui laisse à peine de quoi payer son pain quotidien. Toutefois, nul n'en disconviendra, le sceptre du goût, le domaine de la grâce, appartiennent à la femme. C'est de ses doigts qu'elle tire les mille ornements de la mode ; c'est du génie de son cerveau qu'ils sortent. Donnez-lui de la gaze, de la soie, des dentelles, elle vous rendra des chefs-d'œuvre ! Simple ouvrière, son langage correct étonne.

8

Marchande, on s'émerveille de son ton de duchesse, de ses façons distinguées, de son esprit plein de saillies heureuses et d'élans généreux. C'est que la femme a, par le cœur, les secrets de la science. Placez un ouvrier en présence d'une ouvrière. Lui, sera primitif, négligé de toilette, de langage ; elle, sera vive, alerte, proprette. Dans cette différence est leur malheur à tous deux ; l'ouvrier recherche une compagne ; l'ouvrière regarde au-dessus d'elle pour trouver un mari ; tête ardente, imagination exaltée, la délicatesse de ses goûts la livre à ses séducteurs ; et, quand l'amour est passé, la pauvre délaissée, qui a rêvé le bonheur, rêve l'argent ; la tendresse ne lui promet plus rien ; elle se livre au plaisir.

Dans cette catégorie, les femmes jeunes encore qui n'ont pas perdu tout sentiment de dignité, se livrent au travail et souvent, par la fortune, arrivent à la considération.

Dans les grands centres de population, les femmes commerçantes sont nombreuses ; moins nombreuses pourtant qu'elles ne devraient l'être, parce que les hommes empiètent sur leurs attributions et mesurent de la gaze, du ruban, de la dentelle, objets qu'on devrait répartir à la femme. Le matin, à l'heure où Paris se réveille, on voit par les rues de pauvres femmes attelées à des voitures à pain ; d'autres, qui balaient la voie publique, portent des hottes de chiffons, traînent des haquets, cassent la glace par les jours froids, et n'obtiennent ces rudes travaux qu'avec une diminution de salaire. Faut-il s'étonner que les plus jeunes s'adonnent à la galanterie, les autres à la débauche, et les plus vieilles aux excès du vice, qui les entraîne de l'infamie au malheur.

Le législateur, en donnant au couple un même nom, a eu en vue l'avenir des enfants, et tant que les époux sont d'accord cette mesure est sans inconvénient ; mais si Monsieur dissipe la fortune amassée par Madame, où sera, pour celle-ci, la garantie ? Travaillera-t-elle, ainsi que les Danaïdes, à remplir un tonneau sans fond ?

Le témoignage du premier manant venu a force de loi, et la femme la plus intelligente ne peut servir de témoin pour une naissance, un mariage, un décès ou toutes autres attestations notariées ? On demande à son charbonnier de valider un acte public par sa signature ou sa simple croix, s'il ne sait signer, et Madame Sand, qui doit tout à son talent, ne pourrait témoigner sur un contrat?

Dans les campagnes, les femmes fanent, labourent, moissonnent, et chacune d'elles, dans sa journée, fait autant de travail qu'un homme; cependant on les paie le moins possible, tant est grande, à leur égard, la partialité.

Tout ne va donc pas pour le mieux en ce monde? Les lacunes se sentent, la moitié de l'humanité, obéit à l'autre, c'est un fait. Les hommes ont eu la toute-puissance, ils s'en sont servis, c'était leur droit; prétendre leur *enlever* leur autorité serait absurde, il faut leur en faire *céder* une partie et, pour cela, s'en rendre dignes. Nos maîtres ne sont pas ennemis de leur bonheur. Le plus grand nombre accepte les femmes à leurs côtés et c'est surtout dans l'industrie que le niveau tend à s'établir. A Paris, dans les maisons de nouveautés, la ingerie est, en général, abandonnée aux femmes. Est-ce que la pruderie anglaise a déteint chez nous et trouve-t-on que ces messieurs n'ont pas le droit d'aller au delà de la robe? Ce n'est point cela. On sent qu'une femme pourrait diriger un rayon moins le poids des étoffes. Mais si cette attribution lui était dévolue, serait-il donc difficile de diminuer le métrage des pièces rayonnées ? Cette question de poids n'est là qu'un prétexte. Partout où l'homme peut devenir envahisseur, il n'y manque pas ; ainsi, tandis qu'il vend du tulle, des épingles, de la mercerie, du papier et mille bagatelles qui n'exigent aucune force de poignet, par un côté immoral de la spéculation, on confie aux femmes le service de certains restaurants, les comptoirs des cafés, la caisse des établissements de bains. Quelle anomalie !

Le triage des pierres fines, leur taille ; la gravure, la peinture conviendraient parfaitement aux forces féminines. Pour le portrait, la femme a plus d'initiative que l'homme ; elle y réussirait mieux.

La nature assigne à tel ou tel sexe, certaines professions que le préjugé semble lui interdire ? L'accouchement, par exemple, est envahi par les hommes, et ne serait-il pas bien conforme aux lois de la pudeur d'élever jusqu'aux plus hautes connaissances chirurgicales, par l'anatomie, les femmes que leurs aptitudes poussent à la profession d'accoucheuses ? Dans les hameaux, bourgs et villages sans docteurs, une *routinière* accomplit cette œuvre ; mais qu'un cas grave se

8.

présente, elle s'en remet, d'une part, au courage de la patiente; d'autre part, à la nature.

Si ces lucines inhabiles avaient étudié sur le cadavre, avant d'opérer sur le sujet vivant, leur main légère, leur organisation féminine, au lieu d'être un obstacle leur serait une aide; voyez les religieuses dans les hôpitaux, ont-elles jamais manqué de sang-froid au pied du lit d'un malade? Beaucoup s'endurcissent au mal par le mal même; mais celles que la dévotion n'a pas fait tomber dans un froid piétisme, celles qui sont restées femmes, personnifient, près du malade, la charité chrétienne et font aimer cet ordre modeste de Saint-Vincent de Paul, auquel, de douce mémoire, a appartenu la sœur Rosalie. Honneur aux maisons hospitalières, qui convertissent le célibat en apostolat et justifient ce nom simple et touchant de *Filles de Dieu.*

Nous n'éprouvons aucune sympathie pour les ordres qui, sous prétexte de piété, enfouissent, dans un cloître, leur paresse et leurs mauvaises passions; mais nous nous inclinons devant ces femmes utiles dont l'activité se consacre au soulagement de l'humanité souffrante.

Nous ne pensons pas, non plus, que la vieille fille, dans la société, soit un être antipathique. Nous en connaissons qui sont restées filles parce qu'elles n'ont voulu ni se vendre ni se mal associer.

Dans la classe marchande, la question de dot prime toutes les autres ; on place, *sous un nom à deux*, son honneur, son industrie, son activité. Ce que la rentière donne de soins à son intérieur, la marchande le donne à ses affaires. L'une se repose dans un salon ; l'autre travaille dans un magasin ; la rentière attend des visites qui distraient ses loisirs ; la marchande attend des clients qui remplissent sa caisse ; celle-ci s'appartient ; celle-là appartient aux chalands. Tandis que la rentière dort, la marchande veille. La première brille par son luxe ; la seconde, par son goût.

Il est telles femmes en France, à Paris surtout, qui ont acquis à notre industrie des modes une célébrité incontestée. Londres, Vienne, Pétersbourg, Berlin, Madrid, etc., etc., n'ont de confiance qu'en nos produits. D'où les quatorze parties de l'Europe civilisée tirent-elles leurs nouveautés ? de Paris. Où achètent-elles leurs dessins de modes, leurs journaux du monde élégant ? de Paris. Allez aux Indes, en Chine, au Japon, vous y trouverez des chapeaux **français**, des bonnets français ou des contrefaçons françaises. Il faut donc le reconnaître, si la France est le premier pays du monde, elle doit, en grande partie, sa suprématie aux industries de luxe ; au goût exquis de ses confections qui, spécialement, appartiennent au génie de la femme. L'Allemagne nous conteste la philosophie, la théologie et la musique ; la Russie tire vanité de ses cuirs et de ses fourrures ; l'Angleterre prétend couvrir les mers du produit de ses manufactures ; l'Espagne nous envoie ses vins exquis ; l'Italie, d'éminents artistes ; que rendrons-nous à ces peuples ? ce qui leur manque : la variété dans le goût ; la diversité dans la grâce ; la fantaisie, la nouveauté, le génie, que la France possède ! L'homme n'a pas seul l'invention, l'imagination ! Mesdames Barenne, Minette, Vanheechout, Brie-Joffrin, Delisle, et tant d'autres qui ont universalisé leurs noms, méritent une place aux fastes de l'industrie, et si les intérêts commerciaux étaient discutés, on tirerait du cerveau de ces dames, autant de lumières qu'en pourraient fournir les hommes industriels, en nombre égal.

Ne vous effrayez pas, cependant, Messieurs, nous

ne voulons envahir ni la Chambre des députés ni le
Sénat. Créez des comités spéciaux, dans l'intérêt
général. Vous admettez en droit, la marchande?
acceptez en fait son intervention, associez-la publi-
quement aux progrès de l'industrie, recueillez sa
voix et, si l'époux vote pour lui et l'épouse sa compagne, que, célibataire ou veuve, la femme puisse
exprimer librement son opinion. Il y a trop de capa-
cités féminines constatées pour qu'il ne soit pas du
plus mauvais goût ou de la plus mauvaise foi de les
nier. Lorsque M. Siraudin a eu la philosophique pensée
de faire marcher de front le sucre et les œuvres dramatiques, en homme habile, il a offert de magnifiques
appointements à la caissière de la maison Boissier.
Que lui apportait celle-ci? Sa plume et son expérience. Citez-nous un bon atelier de photographie où
la femme n'ait son emploi? A Lyon, les ouvrières en
soie sont en nombre égal aux ouvriers. Dans le département de l'Isère et sur la chaîne des Alpes, ce
sont les femmes qui cousent les gants Jouvin, si justement accrédités. Au Puy, à Alençon, de quelles
mains sortent les dentelles? Qui brode à Nancy, à
Tarare? Qui confectionne le linge, coud, chiffonne,

orne, habille ? la femme toujours, si industrielle, si industrieuse ; ne lui doit-on pas une part de l'honneur que l'on recueille ! Malgré les lois, malgré les obstacles que la force opposait à sa faiblesse , la femme a conquis certaines positions ; mais combien son lot diffère encore de celui de l'homme !

Le fonctionnaire public, après trente ans, a une retraite ; le soldat invalide est pensionné par l'État ; la femme, vieillie par le travail, épuisée par les veilles, n'a en perspective, si elle est pauvre; que l'hôpital. On sert de petites pensions aux veuves, on tend des secours aux autres, mais ce ne sont là que des aumônes déguisées. Il y a mieux à faire. On a prélevé dans le monde chrétien, le denier de saint Pierre ; que l'État, à la naissance de chaque enfant, impose au père une taxe quotidienne de cinq centimes, soit une somme de dix-huit francs vingt-cinq centimes par an. La misère, si elle est insolvable, donnera, chaque matin, pour cinq centimes de travail, et de vingt en vingt ans, chaque génération acquerra un capital qui, utilisé, la mettra à l'abri de la misère; hommes et femmes, il n'y a là ni empiètements, ni absorption, il y a *mutualité, solidarité, prévoyance.*

CHAPITRE XI

LA FEMME ENSEIGNANTE

S'il est une carrière ingrate et mal rétribuée, c'est celle de l'enseignement, surtout en ce qui concerne les femmes : sans leur demander beaucoup de science, on exige d'elles des études qui leur prennent plusieurs années d'un travail assidu ; leurs examens passés, elles appartiennent, de par leurs diplômes, à l'enseignement, et peuvent se consacrer à l'éducation publique ou privée ; les unes, avec le titre de sous-maîtresse, entrent dans les pensionnats, y remplissent les fonctions de répétitrices et y jouent un rôle équivalent à celui des maîtres d'études dans les lycées. Celles-ci sont les esclaves du genre, les subalternes du professorat, sorte de domesticité, déclassée au salon, à l'office et

moins payée pour ses soins qu'une *bonne à tout faire;*
les autres, sous le nom de *gouvernantes*, sont admises
dans les familles, placées au-dessous de la mère, au-
dessus de la femme de chambre, le plus souvent sans
autorité sur les enfants ; il leur est rarement laissé un
droit de direction ou d'initiative quelconque. De là,
l'inefficacité de leur concours, l'insuffisance de leur tâche. L'enseignement, qui devrait être un apostolat, est
un métier. Le respect, que jadis l'on accordait aux maîtres, est remplacé par le mépris. On n'impose plus
aux enfants l'obéissance, on leur permet l'insubordination. Dans les lycées, dans les colléges, le professeur a, sur ses élèves, une sorte d'autorité ; dans les
institutions de jeunes filles, pour la sous-maîtresse,
se faire obéir, c'est lutter. Il y a peu d'exceptions à
cette règle, et la directrice en chef, qui devrait inspirer le respect pour ses aides, est la première à oublier
ce qu'elle leur doit d'égards. En créant des maisons
d'éducation, quelques-unes obéissent à leur amour
pour l'enseignement ; mais le plus grand nombre ne
demande au professorat que le moyen de gagner de
l'argent. Pour l'éducation des femmes, tout est à la
surface. *Paraître* semble plus urgent *qu'être.* Les arts

d'agrément, la danse, la musique prennent le temps des études aux jeunes filles et les empêchent de se préparer à remplir dignement les devoirs que leur imposent la famille d'une part, la société de l'autre. Les éducations de nos jours ont du brillant, elles n'ont pas de fond. L'œil s'y trompe, l'esprit ne s'y trompe pas; c'est du Ruolz, rien de plus.

Est-ce ainsi que la société s'élèvera à ses propres yeux, et pourquoi l'enseignement des femmes, tient-il, par si peu de points, à l'Université? On associe des hommes instruits à des femmes ignorantes; des caractères réfléchis à d'insignifiantes poupées, et l'on s'étonne des mauvais mariages, de la dissolution des mœurs? Il faudrait s'étonner qu'entre deux êtres si dissemblables, il n'y eût pas plus d'anomalies. Les femmes sérieusement élevées réussissent à tout, devrait-on les priver du droit de savoir? L'humanité ne sera harmonisée que le jour où, se comprenant et s'aimant, les époux se prêteront un mutuel appui. Il n'y a pas de familles désunies où le père et la mère sont d'accord.

On paie une enseignante le moins possible, on lui ôte toute initiative; au moindre caprice de l'enfant,

on modifie ou l'on proscrit telle méthode qu'elle avait adoptée ; ses convictions doivent céder à l'ignorance ; sa volonté, à la routine. Bon nombre de mères s'imaginent qu'il faut des hommes pour professeurs à leurs filles ? Madame Pleyel a beau être un génie musical ; le Conservatoire a beau s'enorgueillir des classes qu'il confie à des femmes, la vogue des professeurs hommes se maintient : *La raison du plus fort est encore la meilleure.*

De cette sorte d'exclusivisme résulte l'insuffisance de l'enseignement général pour les femmes. On n'exige d'elles que des notions élémentaires. *Un peu de tout.* Tel est leur programme. Se bien présenter, se bien tenir dans un salon, c'est, pour le plus grand nombre, la suprême éducation. Heureuses encore les jeunes filles qui n'ont appris que cela et dont les oreilles sont restées pures ! L'enseignante, par notre temps d'immoralité, s'impose peu de devoirs, ferme les yeux et laisse les jeunes cœurs confiés à sa garde se déflorer avant leur épanouissement.

Pour une élève pure, combien ont devancé leur âge ! Pour une institutrice prudente, combien d'insensées qui laissent lire à leurs jeunes pupilles des romans immoraux dans lesquels l'amour faux et l'inconstance sont préconisés; vidant ainsi, goutte à goutte, la coupe de fiel dont les bords emmiellés trompent l'adolescente.

Rien n'est dangereux pour la jeunesse comme la séduction du vice déguisé. La mère qui introduit une gouvernante sous son toit, doit, avant de l'engager, s'assurer non-seulement de ce qu'elle est, mais de ce qu'elle a été et de ce que fut sa mère. « *Dis-moi de qui tu viens, je te dirai qui tu es.* »

Oui, vices ou vertus, l'enfant tient tout de son père et de sa mère. Cette dernière peut être privée d'allaiter son nouveau-né, elle ne sera point empêchée de lui donner de sages enseignements, de salutaires exemples.

Le traitement d'un instituteur ou d'une institutrice devrait l'indemniser du temps que lui ont coûté ses études et lui garantir l'avenir. Pour relever l'enseignement, relevez les enseignants.

Nous sacrifions à nos besoins matériels le meilleur de nos revenus, et ce qui nous rend supérieurs à l'animal, l'éducation, nous lésinons avec elle. Nous voulons bien, pour nous, l'autorité, nous ne la voulons pas pour celui ou celle que nous appelons à nous remplacer auprès de nos enfants. Notre amour-propre accepte qu'on nous supplée ; notre orgueil n'accepte pas que l'on soit à notre niveau.

Et y a-t-il beaucoup de couples qui se consultent sur la direction à donner à leur jeune famille? Tient-on compte des aptitudes de l'enfant, de ses inctincts innés? Dieu a mis au front de chacun de nous le signe des facultés auxquelles il est propre. La phrénologie, la physiognomonie, sont deux sciences d'observation, auxquelles tout chef de famille ou tout enseignant devrait s'appliquer afin de détourner tels penchants pour en développer tels autres. Non-seulement nous pouvons réprimer nos mauvais instincts par la force de notre volonté, mais nous pouvons en faire éclore de bons. Gall, Spurzheim, Idgiès et Castle, ont établi tout un système sur les proéminences osseuses de la mappe humaine, dans ses trois divisions frontale, coronale, occipitale. Les facultés intellectuelles se reflètent sur les traits du visage ; le sentiment religieux domine le crâne ; les instincts sensitifs se répercutent sur le cervelet. Un même foyer contient les trois forces, un même principe les produit ; mais nécessairement, tel organe cultivé acquiert de la prédominance, tandis que tel autre, inactif, se déprime, ainsi le veut la loi des forces humaines et de leur pondération. De nos facultés, divinement combinées, résulte l'équilibre normal ; avoir égard à nos dispositions natives, les faciliter si elles sont bonnes ; leur en substituer qui les effacent, si elles sont mauvaises, c'est ce que la phrénologie rend possible. Les protubérances de notre boîte cérébrale, sont les signes palpables à l'aide desquels les enseignants, les physiologistes, les savants, peuvent élever l'enfance, développer la jeunesse et diriger la société. Dans cette voie la femme a sa part comme l'homme. Il lui est donné, à elle, de former le cœur de ses fils ; de diriger l'éducation de ses filles ; d'améliorer les mœurs et, enfin, de conquérir non cet amour qui, jeune, met l'homme à ses pieds comme un esclave ; mais cette considération qui, dans la famille, fait d'elle un bon ange et, dans la société, l'inspiratrice du bien. Mères, types du dévouement et du sacrifice, seront-elles dignes de vous suppléer, ces enseignantes subalternisées, déchues dans leur propre considération et si peu soucieuses de leur charge qu'elles la prennent en dégoût ? Sans doute, quelques-unes, dignes

9.

parmi les plus dignes, marchent dans la voie du progrès
en apôtres du bien ! Telles sont, à notre connaissance,
et sans nuire aux inconnues, Mesdames de Marscheff-
Gérard, Leclerc, Coulon de Meuron, D'Ocagne, Ba-
chellery, Thiébaut, etc., etc. Celles-là ont franchi tous
les degrés de l'enseignement et ont trouvé, dans leur
cerveau, de l'instruction pour les pauvres comme pour
les riches. C'est à de pareilles femmes, enseignantes
par vocation, que devrait être confiée la direction *d'un
institut normal.* Paris, où les diplômes d'institutrices
sont devenus des titres incontestés de capacité, Paris,
possède en inspectrices des femmes hors ligne, poëtes,
comme Mademoiselle Drouet ; prosateurs, comme
Madame Chevrot ; universelles, comme Mademoiselle
Sauvan ; modestes comme Madame Millet ; mais
parmi ces fronts qui rayonnent, que de fronts cour-
bés ; au sein de ces brillantes étoiles, que de nébu-
leuses !!... Mesdames les enseignantes, regardez à ces
types, faites de votre profession un apostolat, et la société que vous aurez régénérée par les jeunes filles,
ne vous paiera plus comme d'obscures mercenaires
vendant l'enseignement ; mais comme d'honorables
directrices prenant charge d'âmes envers la fille du

peuple, la bourgeoise et l'oisive qui, un jour, auront à répondre, comme épouses et comme mères, de leur mission ici-bas.

Résumons-nous et constatons que si, en général, les hommes inculquent aux jeunes filles plus de science, elles sont exposées, avec eux, à plus de dangers. Aux femmes donc l'éducation des femmes. Mais pour élever le niveau social, ayons des enseignantes morales, instruites, mieux rétribuées, n'oubliant jamais que si *les hommes font les lois, les femmes font les mœurs.*

CHAPITRE XII

LA FEMME RICHE. — LA FEMME ARISTOCRATIQUE.

Il y a, de nos jours, deux aristocraties. Celle des écus, celle de la naissance. L'une et l'autre obligent.

La femme riche dépasse la femme noble en luxe, en faste, en élégance ; rêve, pour sa fille, un nom blasonné, savonnette à vilain chèrement achetée, titre souvent payé par des larmes et qui n'efface pas l'origine... Les classes ont beau se mêler, leur fusion est lente, il faut plusieurs générations pour les confondre.

On dit : Le temps efface les préjugés. Moins qu'on ne croit. Nous n'en voulons pour preuve que ce qui s'est passé en France depuis 89; les uns ont ri des titres nobiliaires ; les autres les ont enviés. Tel, par sa fortune, s'est permis toutes sortes de fantaisies, qui

n'a pu se faire ouvrir les portes des salons aristocra-
tiques. *On va de front, on ne va pas de pair;* on se
coudoie, on ne se regarde pas. Le riche, à défaut d'é-
cusson, a de magnifiques attelages; il donne des fêtes
princières; c'est à qui s'y rendra; quant à le recevoir
dans la haute aristocratie, l'on s'en garde, les vieilles
rancunes ont survécu... A certains jours, tel duc,
d'antique roche, admettra, sans examen, la noblesse
des écus, la noblesse de l'intelligence; mais l'exception
est en faveur des hommes. *Les femmes n'entrent chez
les grands seigneurs que par la porte du mariage.*

Voyez cependant ces deux noblesses de front, elles
se font tête; la femme riche a ses pauvres comme la
duchesse; ses œuvres de bienfaisance sont plus larges,
la bienfaitrice en relève le prix. Le plus souvent, pour
donner, la femme titrée passe par un prêtre, par un
ordre religieux. La femme riche a ses protégés; la
femme aristocratique a ses mendiants. Toutes deux
sont mues par un sentiment chrétien; mais leurs
points de vue diffèrent; l'une, fonde des asiles, des
écoles; l'autre, fonde des couvents. Où celle-ci emploie l'assistance, celle-là applique le secours; pour la
première, le temps a marché; pour la seconde, il est

resté stationnaire ; la femme riche vit dans le présent;
la femme noble, dans le passé ; la femme riche honore
le travail ; la femme noble honore les titres; la
femme riche doit tout à son père, la femme noble,
tout à ses aïeux.

Mais prenez, chacun à part, ces deux cœurs sépa-
rés, vous y trouverez de généreux élans, d'humani-
taires aspirations. Étrangères l'une à l'autre, se me-
surant du regard, défiantes par instinct, ennemies par
ton, appelez-en à leurs sentiments de justice, faites
taire ici la vanité de l'or, là, l'orgueil de race, et vous
verrez la sympathie remplacer l'antagonisme, la bienveillance accueillir d'un sourire celles que le préjugé
séparait. C'est que les mœurs d'un peuple suivent le
mouvement du progrès et, à leur insu, ces deux femmes, l'une privilégiée du sort, l'autre privilégiée de
la naissance, se sont aimées, pour s'être connues et
leur appréciation a triomphé de l'erreur. Le mérite de
chacune s'est fait jour, la rivalité a disparu, l'élan du
cœur a développé la sympathie.

A Paris, depuis un demi-siècle, des associations se
sont formées qui ont recruté leurs membres chez les
deux sexes et dans tous les rangs de la société. Les

crèches, les asiles, les orphelinats, les maisons pour la vieillesse sont des fondations de ce genre, et nulle part, croyons-nous, le zèle n'a montré autant d'activité que dans notre capitale. La bienfaisance y bat monnaie.

Pour s'en convaincre, il suffit de remonter à l'institution de la Société de la morale chrétienne, qui, de la présidence du duc de La Rochefoucauld-Liancourt, passa à son fils Gaëtan et réunit tout ce que la naissance, le talent, la fortune pouvaient mettre en commun de dévoûment au profit des classes pauvres. Là se trouvaient mus par une même pensée, des hommes et des femmes de toutes les conditions, appartenant à divers cultes, mais s'adressant au même Dieu, et chacun apportant son obole à l'œuvre commune. Dans cette société où la charité ne fut jamais l'aumône, les esprits éclairés ne se comptaient plus, ils se groupaient. Messieurs Thiers, de Lamartine, Guizot, Carnot, Villemain, Cousin, etc., etc., furent membres actifs des divers comités de cette œuvre, une par son principe, multiple par son action. Mesdames de Montebello, de Montalivet, de Lasteyrie, Chevreau, Le Maire, etc., prêtaient leur utile concours aux divers comités et rivalisaient de zèle avec les hommes, sur le pied d'une parfaite égalité ; nul membre n'était favorisé au détriment d'un autre ; tous avaient droit de vote et d'élection ; les charges incombaient au zèle, au mérite !

C'est à la Société de la morale chrétienne qu'est due l'initiative d'un comité de patronage des jeunes orphelins. Tronc vigoureux, de puissantes racines ont puisé la vie dans son sein. L'Orphelinat, dirigé par M. Burhel et, plus tard, présidé par M. de Gérando, fut une branche détachée de cet arbre. L'exemple eut des imitateurs : on se copie pour le bien, on ne se rivalise pas, et c'est vraiment un touchant spectacle que celui d'âmes solidairement liées, en dehors de tout esprit de parti comme de tout fanatisme religieux.

Dans le cours de notre vie active, nous avons vu grand nombre de femmes s'effacer devant qui devait ou qui pouvait faire le bien. La fille de l'illustre Lafayette, Madame de Lasteyrie, fut, à la fois, le génie de la bienfaisance et le symbole de la modestie. Dans la part dévouée qu'elle prenait à l'œuvre des prisons, sous la présidence de Madame de Lamartine, son grand cœur vola toujours au devant des plus malheureuses, quel que fût le culte de leur Dieu. Jamais cette humble et charmante *apôtre* ne se prévalut ni de son rang ni de son zèle.

A côté de cette sublime femme, dont le zèle excitait le nôtre (*nous faisions alors l'œuvre des prisons au nom de la Société de la morale chrétienne, comité mixte*), se trouvait, pour un comité protestant, Madame Émilie Mallet, née Auberkampf, grand cœur consacré, sa vie durant, aux affligés du sort, aux orphelins de la fortune. Certes, à voir, avec les pauvres, Madame Mallet, sortie de l'aristocratie financière, et Madame de Lasteyrie, cachant son blason sous le plus modeste costume, on se fût étonné de trouver tant de vertus unies à tant de dévouement, si la sérénité de ces âmes sœurs n'eût convaincu de leur amour pour l'humanité!

A l'heure où nous écrivons ce livre, on nous dit que Madame de Lamartine, fort souffrante cet été, quittait son lit pour reprendre ses pinceaux. A qui destinait-elle le produit de ses œuvres? Aux pauvres...

Dans le monde aristocratique, on citait jadis, pour son infatigable charité, Madame la marquise de Pastoret, peu soucieuse de se parer, fort soucieuse de faire le bien ; cette dame dépensait ses revenus en bonnes œuvres, et semblait s'être condamnée, pour les pauvres, à la pauvreté.

Dans toutes les villes de France, sur les limites du plus grand nombre de nos départements, on lit : *La mendicité est interdite dans cette commune.* Tel est l'ordre préfectoral et communal. Qui en facilite l'exécution ? La charité des femmes !

A Paris, les bonnes œuvres vont se multipliant ; les associations élargissent leur programme ; l'initiative du baron Taylor, en faveur des artistes, a eu des imitateurs dans un autre ordre. Chaque culte, à son tour, veille sur ses fidèles. L'archevêché, le temple, la synagogue ont la même manière de donner ; le fond diffère ; mais cela ne regarde que Dieu.

Parmi les œuvres faites sans bruit, il en est une sous la présidence de Madame Lemonnier qui se distingue par son but : « *L'Institut des jeunes filles pauvres nées de parents aisés tombés dans le malheur.* » Former des enseignantes, les doter d'une solide instruction ; telle est la pensée de cette association. La richesse ainsi employée à faire le bien profite à qui donne et à qui reçoit ; il n'y a que l'égoïsme et l'ingratitude qui nient le prix d'un bienfait, Mesdames Rothschild, mère et bru, ont toujours utilisé en bonnes œuvres une part de leurs revenus.

Au dire d'Eugène Sue, la jolie et spirituelle princesse Marie Bonaparte-Solms, dépensait sur le pied de vingt francs, par jour, en secours aux indigents.

Madame de K......., une Russe francisée par ses alliances, ne se réserve rien, afin de donner plus. Ce n'est point vers les heureux de la terre qu'elle est attirée, c'est vers ceux qui souffrent. Dans la vie de cette femme, il n'y a pas une heure de perdue. Son esprit, ses doigts, son cœur, elle les occupe au profit du malheur. Il lui est possible de compter ses amis riches ; elle ne saurait compter les amis pauvres dont elle est la Providence ! Bon ange des artistes, consolatrice des affligés, Dieu la fit à son image ; il lui donna toutes les perfections !

La femme riche, la femme aristocratique ! sont, dans la société, des êtres enviés par ceux-ci, dénigrés par ceux-là. On vise à la dot des filles, à la réputation des jeunes femmes ; les vieilles, on les dédaigne... Est-ce pour une telle fin que notre sexe a été créé ? Non, une meilleure part lui est réservée. Plus la fortune et le rang les mettent en relief, plus les femmes sont tenues de donner de bons exemples. La lumière ne vient pas des bas-fonds, elle vient des monts élevés. Mesdames, prendrez-vous pour types ces nullités habiles à se juponner ? Esprits frivoles, cœurs froids, qui estiment les gens pour le vêtement qu'ils portent. Bouches habituées au mensonge, prunelles façonnées à l'hypocrite jeu du regard ; âmes que l'amour vrai trouve indifférentes ; raisonneuses sans raison, vampires de la fortune privée ; désespoir des mères, honte des maris, êtres au faux visage, au faux parler... Ne les imitez pas, jeunes filles, la folie seule les encense...

Ne les imitez pas, plaignez-les ; car, ne fût-ce qu'un jour, ne fût-ce qu'une heure, elles ont aimé et, si leur âme s'est avilie, c'est qu'un amour trahi les a perdues....

Oui, dans la moins pure, dans la moins noble des femmes, est encore un rayon de l'étincelle divine ! Les plus grandes pécheresses ont des éclairs de sagesse, sorte de retour sur elles-mêmes, où, se voyant telles que les voit le monde, elles se prennent à vouloir rentrer dans la bonne voie. Mais la société est sans pitié pour leurs fautes, elles retombent dans l'abîme pour n'en plus sortir. Chacun, se croyant sans péché, s'est empressé de leur jeter la première pierre, la charité les eût sauvées, l'orgueil humain les perd.

CHAPITRE XIII

FUSION, NON CONFUSION

La Tour de Babel, l'Échelle de Jacob, telle est la société, de sa base au sommet... D'une même origine, Dieu nous a tous appelés ses enfants; pourquoi ne nous considérons-nous pas comme frères? Le principe co-éternel, l'âme, vivifie l'humanité entière. Chacun de nous est une force mue par une intelligence. L'homme, à la fois *agissant, aimant* et *pensant*, est l'infiniment petit, modelé sur l'infiniment grand. Nous possédons, en effet, tous les attributs de Dieu, plus le mal, d'origine humaine.

Il nous a été dit : « *Aimez-vous les uns les autres, ne faites pas à autrui ce que vous ne voudriez pas qui vous fût fait à vous-mêmes.* » Avons-nous mis en pratique ces préceptes? Sommes-nous une famille de frères? de l'un à l'autre bout du monde, l'amour de l'or domine toutes les classes, la poule au pot de Henri IV ne satisferait plus aucun appétit. Jadis les fortunes, lentement acquises, se transmettaient des pères aux enfants; aujourd'hui, on mène à grande vitesse les affaires, l'on s'enrichit ou l'on se ruine en une seule fois. De là, les hautes impudences, les grands désespoirs : les rangs se mêlent comme les cartes, ils ne se confondent pas.... C'est le règne du chacun pour soi, la religion de l'égoïsme.

Les femmes ont-elles contribué à ce chaos moral? Leur influence s'est-elle fait tyrannique? Est-ce de leur côté que la soif de l'or est venue? L'évidence prouve le contraire.... Si le *ministère de l'intérieur* leur appartient, le ministère des *affaires extérieures* incombe aux hommes. C'est à eux que la loi confère le droit de vendre ou d'engager le bien de la famille, de signer pour la communauté, de se porter garant de son actif et de son passif, en un mot, de gérer la fortune matrimoniale, sans que la femme ait à intervenir pour demander des comptes. Elle apporte l'argent, le mari le palpe, l'encaisse, en dispose, l'augmente ou le perd, selon les chances de son commerce. Si le mariage a été accompli sous l'empire du régime dotal, l'époux est responsable de la fortune de sa compagne ; mais que de biais il trouvera, au besoin, pour la dissiper, et si la femme se porte caution des dettes conjugales, le bien de ses enfants passe aux créanciers de son mari. Celui-ci n'a-t-il pu obtenir, cette caution ? si une séparation de corps et de bien n'a été prononcée dans l'intérêt de la famille, la loi ne laisse à la femme séparée, que le revenu et non la gestion de ses biens ; le mari en est, quand même, l'administrateur.

Le législateur, en conservant aux enfants la fortune de leur mère, a voulu donner à cet acte la sanction morale de la société ; et, sans sous-entendre que si, par sa position, la femme est sous la tutelle du mari, elle est, par sa tendresse maternelle, la tutrice de ses enfants. En effet, depuis les ménages pauvres, où la dot n'a point à être conservée, jusqu'au ménage, riche où la fortune vient de la femme, la sollicitude de celle-ci a pour objet l'avenir de ses enfants. Le père dirige le timon des affaires ; la mère, veille à ce que les petits aient à point leur becquée. Dans les familles d'ouvriers, où chacun prend sa part de la tâche commune, c'est surtout la ménagère qui a charge des petits : elle gagne peu, et sur son petit gain tous ont quelque chose. Le père, sur le prix d'une journée, paie son tabac, ses verres de vin extra, et diminue la part des marmots ; la mère n'en distrait rien ; tout en travaillant elle allaite celui-ci, berce celui-là, veille sur tous, et la nuit, tandis que la *marmaille* dort, à la pâle lumière d'une petite lampe, elle raccommode ou blanchit le linge.

Dans chaque grande maison, regardez aux bas étages, vous y verrez, la nuit, des lueurs de veilleuses ; regardez aux mansardes, vous y devinerez la lampe du travail. Au bout de sa journée, le père se repose ; quand elle a fini la sienne, l'ouvrière reprend sa tâche ; le mari, son labeur terminé, peut donner une heure de loisir à son instruction ; si elle veut lire, l'ouvrière doit le faire pendant ses repas. Il n'y a point de loisirs pour elle, il n'y a que des devoirs.

Juliette a vingt ans, Joseph en a trente ; ils se sont aimés ; ils se sont unis ; une parfaite égalité existait entre eux, ils ne possédaient rien... On eût dit deux tourtereaux roucoulant dans leur cage. La cage eut un nid, un enfant y vint ; chacun prit la moitié de la tâche, tout marcha bien, l'amour rend le travail si facile ! Le soir, en rentrant, Joseph sifflait, du bas de l'escalier, pour se faire entendre : on courait au devant de lui. Avant de bégayer un nom, l'enfant s'élançait dans les bras de son père, lui souriait, jouait avec ses favoris, avec les boutons de son gilet, rendant caresse pour caresse.

— Qu'as-tu fait, femme ? demandait Joseph.

— J'ai travaillé, en chantant, pour amuser Jacques ; il a joué, il a dormi ; puis, je suis allée, lui sur un bras, mon panier sur l'autre, acheter les provisions. J'ai apprêté le dîner, voilà ma journée, le meilleur est le moment de ton retour ; nous nous aimons, y a-t-il personne de plus heureux que nous ?

— Non, personne ; nous sommes jeunes, notre courage est grand ; le travail abonde, c'est de quoi conserver notre indépendance et notre gaîté ! Je vois, au chantier, des camarades qui se disputent ; d'autres, qui perdent leur temps à boire et dissipent leur prêt avant de l'avoir touché. Ceux-là, en rentrant chez eux, y trouvent la guerre, leur intérieur est un enfer ; ils le désertent pour éviter les cris des enfants, les plaintes de la mère. Que viendraient-ils chercher au logis ? Le foyer est froid, les marmots affamés, ils retournent au cabaret ou même ne rentrent pas ; les enfants, privés de pain, en implorent de la charité publique, font de petits vagabonds sans ressources, qui recourent pour vivre à toutes sortes de ruses, et s'acheminent, par les sentiers tortueux du vice, vers la police correctionnelle. Chez nous, rien de cela n'est à craindre, Juliette, nous sommes deux à travailler pour Jacques ; qu'il y ait un chômage, une morte-saison, le maître renverra les mauvais ouvriers et gardera les bons. Je suis donc sûr de mon gain. Ceux qui ne travaillent pas en conscience sont les premiers renvoyés, les derniers repris ; ils ont le temps de crier misère. Moi, je ne manquerai pas de pain. J'ai des économies, un livret à la Caisse d'Épargne, si une maladie survient nous en triompherons.... Je travaille à mes pièces, j'ai intérêt à allonger ma journée, le patron ne perd pas son temps à me surveiller.

— De mon côté, je fais ce que je peux, Joseph, le ménage est en ordre, l'enfant bien portant, Dieu nous a bénis !

— Oui, et pour te distraire, j'apporte, ce soir, un

bon livre, *l'Ouvrière*, de M. Jules Simon, un écrivain qui s'intéresse à vous autres femmes, et qui, pour son beau travail, a obtenu un prix de 20,000 francs.

—Bravo ! le souper fini, tu amuseras Jacques en fumant ta pipe ; tu lui montreras les images de ton *Buffon*, je mettrai tout en ordre, puis je coucherai le moutard ; tu liras, je raccommoderai ; la bonne soirée que nous allons passer !

Et les époux faisaient ce qu'ils avaient dit, et leur ménage était gai comme un nid de fauvettes, si bien que, doucement élevé, leur enfant grandissait sous l'influence salutaire des bons exemples, pénétré de respect pour le père et la mère qui l'avaient rendu si heureux !

Joseph et Juliette ne sont pas des créations de notre fantaisie, ce sont des types vrais, heureuses exceptions à la règle commune. Pour ce couple, l'éducation de l'enfant n'était pas livrée au hasard ; ils avaient compris que le chêne vigoureux est dans le gland comme l'épi dans l'humble grain de blé : et pour que le chêne poussât droit, ils veillaient sur le gland.

En général, on dit : quand mon enfant sera en état de comprendre, je raisonnerai avec lui. Erreur et folie, du père au fils le principe d'autorité doit être absolu. Soumettez doucement vos enfants à ce que vous croyez utile à leur développement matériel, intellectuel et moral, sans vous inquiéter d'une première larme qui leur sauvera de continuelles souffrances. Ce n'est pas le père qui doit céder à l'enfant ; c'est l'enfant qui doit céder au père ; l'un a sa raison pour guide ; l'autre n'a que son caprice.

Comme direction, les femmes sont encore loin de ce qu'elles devraient être. Presque toutes aiment leurs enfants, mais beaucoup d'entre elles les aiment d'une tendresse aveugle. Aux premiers cris d'un nouveau-né, elles le prennent dans leurs bras, le bercent, lui donnent de mauvaises habitudes, et, pour n'avoir pas su se résister à elles-mêmes, se mettent dans l'obligation de céder toujours. Que les mères n'attribuent pas ces faiblesses à l'affection, mais à l'égoïsme : l'enfant crie ? pour ne le plus entendre, on le prend ; or, dès qu'on a fléchi une fois, il faut fléchir incessamment, l'instinct du despotisme est inné en nous. Et de quel droit prétendrions-nous être associées à la tâche de l'homme, si nous ne savons ni nous réformer, ni transformer l'enfance, ce premier échelon des générations ? L'harmonie des couples, en vue de la famille, est pour l'amélioration des races le levier d'Archimède. Juliette et Joseph n'avaient pas associé leurs capitaux, ils avaient uni leur amour... L'enfant né de leur tendresse, grandit sans presque connaître les larmes, n'enviant point de sortir de sa sphère, il s'y trouvait si bien ! On lui donnait l'exemple du courage, on lui inspirait le goût du travail ; il était ce qu'on l'avait souhaité.

On a dit : Les enfants pauvres s'élèvent tout seuls. Triste vérité, équivalant à : *ils ne s'élèvent pas du tout*. En effet, une plante sans direction pousse mal. L'ouvrier actif veille sur ses enfants, les dirige, les envoie à l'école, vit avec eux comme faisaient Juliette et Joseph, et les prépare à une existence laborieuse. Chez lui, l'exemple appuie la leçon, il a connu le travail, il n'a pas connu la misère, un modeste logement lui a suffi.

Mais sous d'autres toits, entassés pêle-mêle, de nombreux enfants grouillent comme des chiens, ne se doutant point que la pudeur a ses lois. Élevés seuls, ils glissent sur la pente du vice, faute d'avoir su ce que c'est que la vertu...

A ceux-ci, la société ouvrira-t-elle un compte sévère et les condamnera-t-elle sans pitié ?

Jeanne a connu les privations jusqu'à quinze ans; un amant s'est présenté, elle l'a écouté, ils ont vécu ensemble. De leur amour, un enfant est né. Jeanne l'élèvera-t-elle ? ils sont pauvres, le petit innocent ira à l'hospice.

Si, au contraire, on le garde, que n'aura-t-il pas à souffrir, le séducteur de Jeanne l'ayant abandonnée ? ambitieuse, elle deviendra facilement lorette, et d'avilissement en avilissement, finira par se prostituer. Pour elle, alors, de la maison publique à la prison, il n'y aura qu'un pas. Enfreindre une ordonnance, franchir une limite, passer en un lieu défendu, seront choses à la mettre dans le cas d'un emprisonnement par ordre de police.

Interrogez les plus abjectes de cette classe, toutes accuseront l'amour de leurs malheurs.

— » A seize ans j'ai eu le cœur pris, nous disait une femme publique détenue à Saint-Lazare (1); à vingt

---

(1) Nous portions alors des secours et des consolations dans cette prison.

ans j'étais lâchement trahie ; à trente, je n'aimais plus rien et je menais la vie à grandes guides, à quarante, je me cachais pendant le jour ; le soir, comme la chouette, je cherchais ma proie dans l'ombre... »

Et cette femme ajoutait :

« Il y a ici, d'ordinaire, cinq cents femmes détenues comme moi par mesure de police. Demandez-leur d'où elles sont parties ? toutes s'accuseront d'avoir aimé d'abord, puis d'avoir été vaines ou ambitieuses. Pas une ne vous dira : — Je suis calme en présence de mon abjection.

« Pour se dégrader au prix d'un morceau de pain, il faut s'enivrer d'eau-de-vie, se griser de mauvais propos, s'exalter de vices. »

O société ! si la famille était un sanctuaire, l'honneur des jeunes filles deviendrait-il la proie des libertins, et le cœur des jeunes hommes la pâture des femmes folles ? L'exemple du bien manque. On discute sur tout, pour se dispenser de raisonner sur rien. La morale, selon les uns, c'est le paradoxe déguisé ; selon les autres, c'est le caoutchouc dans sa plus grande élasticité, autorisant ici la polygamie, là interdisant le divorce.

Que chaque peuple se préoccupe moins de ce qui se passe chez ses voisins et regarde plus à ce qui se fait chez lui. Dans les bas-fonds il verra grouiller le vice ; des hauteurs, il verra rayonner la lumière, autour de laquelle ont place les grands et les petits, les jeunes et les vieux, les riches et les pauvres. Centre, où tout, diverge pour tendre à l'unité qui nous rendra solidaires les uns des autres, en une fusion fraternelle.

Le Christ, dans son admirable prière, en appelle au règne de Dieu ; si nous le voulions, ce règne serait proche.

CHAPITRE XIV

LES HOMMES FONT LES LOIS, LES FEMMES FONT LES MŒURS.

Les femmes font les mœurs! Legouvé l'a dit, d'autres l'avaient dit avant lui, pourquoi ne le répète-rions-nous pas !

En étudiant l'histoire, il nous est démontré que la décadence d'Athènes et de Rome datent de l'époque du relâchement des mœurs. Le Christianisme, avec Jésus crucifié, vit Marie sur le mont Calvaire. Les disciples avaient abandonné leur maître, Pierre l'avait renié, Marie et Madeleine recueillirent son sang et l'ense-velirent !

Au temps des immolations religieuses, alors que confesser sa foi c'était se dévouer au supplice, les femmes eurent le sublime courage de la souffrance ; ouvrez le martyrologe, il contient les faits à l'appui de notre assertion. Les courtisans avaient perdu Athènes ; les femmes martyres propagèrent à Rome le christianisme. Au moyen âge, alors que la chevalerie menaçait de tourner au brigandage, quelques esprits supérieurs la relevèrent par le côté de l'amour. A la devise : *Mon Dieu et mon droit ;* on substitua celle de : *Mon Dieu, mon roi, ma dame.* Dès lors, la chevalerie fut sauvée. Chacun eut à répondre de ses actes à la dame de ses pensées, et l'on put dire : *Noblesse oblige.*

Dans des temps plus près de nous, la poésie se mourait ; les jeux floraux, inaugurés par Clémence Isaure, la vivifièrent et la firent briller d'un nouvel éclat !

Notre grande révolution, avec ses tricoteuses dans la rue, n'eut-elle pas au premier plan de la Gironde, Charlotte Corday ? Et de la prison du Temple, où Robespierre envoyait ses victimes, combien de nobles têtes de femmes montèrent à l'échafaud le front haut, le sourire sur les lèvres ? Madame Roland ne mourut-elle pas plus fièrement que le ministre son mari ? Et si, comprise dans une hécatombe humaine, Madame Dubarry succomba lâchement, c'est que cette courtisane considérait la mort comme la fin de tout.

Les grands législateurs, les grands philosophes, n'ont point éloigné d'eux les femmes, et l'on a pu constater qu'aux époques organiques elles avaient pris place dans la société, tandis qu'aux époques de transition elles en étaient isolées, se bornant à exercer leur bonne ou funeste influence sur les individus isolés.

Dans le bien comme dans le mal, les femmes dépassent souvent la limite du juste, semblables aux enfants gâtés qui n'ont de règle que leurs caprices. Mais prend-on la peine de redresser leur jugement, de former leur raison, de les préparer à l'inattendu de l'avenir? Enfants, on leur donne des poupées; jeunes filles, on les rend poupées elles-mêmes; celles qui sortent de l'ornière commune sont l'exception.

On redoute, dans le monde, l'influence des Jésuites; quelle ne fut pas jadis celle des religieuses de Port-Royal? Les monastères qui transmettaient manuscrite la pensée avant Guttemberg, dominaient-ils plus la société que les grandes abbayes ou les maisons des dames chanoinesses?

Le tort d'un sexe est de s'isoler de l'autre ; heureux le souverain soutenu par la douce inspiration d'une femme ! Le roi Louis-Philippe, après dix-huit ans d'un règne pacifique, dut peut-être la perte de son trône à l'événement qui le frappa le 1er janvier 1848 : la mort de sa sœur, madame Adélaïde.

Parmi les États gouvernés par des femmes, l'Angleterre, par exemple, vaut-elle moins que les peuples ses voisins ? et la Russie ne dut-elle pas sa marche rapide autant à Catherine II qu'à Pierre le Grand ? S'il y a dans l'autorité de l'homme plus de véhémence, dans celle de la femme il y a plus de douceur.

On a donc le droit d'imputer aux souverains *absolus* et *isolés*, les erreurs dont sont entachés les actes de leur règne ? Les peuples sont pour ceux-ci ce que la lune, dont nous ne connaissons que la moitié, est pour notre planète.

Il faut plaindre la génération qui, sans respect pour elle-même, ne voit dans la femme jeune qu'un instrument de plaisir, dans la femme âgée qu'un objet de pitié. *La séparation des sexes tend à la dissolution de la famille, à la démoralisation de la société.*

« Je passais, il y a quelques jours, — nous disait

une amie, — sur le trottoir d'une nouvelle voie ouverte entre la rue de Moscou et la rue de l'Église, à Batignolles. Une troupe de jeunes collégiens s'avançait vis-à-vis de moi ; tous ils s'entendirent pour rester maîtres du terrain, et me laissèrent piétiner dans la boue. Je ne connais pas le maître de ces élèves, — ajouta notre amie, — mais sur ce seul fait, je le juge, et ce n'est pas en ses mains que je placerais mon fils. «

La réflexion nous paraît fondée, le directeur de tels pupilles, ou n'est pas marié, ou est mal marié : *tel maître, tels élèves,* comme *tels enfants, tels pères...* Entrez dans une famille où la douceur et l'aménité règnent, vous verrez ces mêmes sentiments se refléter sur les traits des enfants. Hippolyte M... a dix-huit ans, une physionomie heureuse, un esprit droit, une bonté exquise. D'où lui viennent et sa douce sérénité et sa parfaite bienveillance ? des exemples qu'il a reçus, de l'inaltérable affection que se sont vouée son père et sa mère !

Où s'inspire le sarcasme et la satire, ne peut pas naître l'affection, et, nous le répétons : les femmes surtout font les mœurs.

Madame Aline J..., jeune et tendre mère, partageait son cœur entre ses enfants et son mari, c'était là son univers. D'abord fille et sœur dévouée, son culte avait naturellement changé d'objet. Un événement la priva tout à coup de son mari, et, par un double malheur, le jour où s'éloignait l'honorable chef de cette famille, madame J... pleurait sur le cercueil de sa petite fille. Perdre à la fois deux objets bien chers, se séparer de l'un, enterrer l'autre, c'était de quoi faire blasphémer une âme ordinaire. Madame J... trouva en elle le courage qui lui devenait nécessaire : un fils, enfant encore, lui restait. A le regarder, la mère, refoulant ses larmes et prête à tous les sacrifices, rejoignit en de lointains pays son époux bien-aimé. Une petite fille, un ange, leur naquit, ce fut là leur récompense...

Madame J..., à qui avait-elle dû les sentiments qui l'animaient? à sa mère. Petite enfant, elle avait deviné ce qui ne s'inspire pas, les délicatesses du cœur ! Se dévouer, pour elle c'était vivre, et, malgré de plus nombreux devoirs, elle est restée sœur comme elle a su être épouse et mère. Aujourd'hui son fils a dix-sept ans, sa fille dix : l'un et l'autre, imbus de bons exemples, purifiés à l'école du malheur qui anéantit les faibles et élève les forts, ces enfants ne seront jamais ni sans pitié pour les fautes de la jeunesse, ni sans respect devant l'âge mûr ! Tous les élans généreux, ils les éprouvent ; tous les bons sentiments, ils les puisent dans leur propre cœur, leur père et leur mère veillent sur eux avec tant d'amour !

Si nous recherchons, au premier rang, l'influence bonne ou mauvaise des femmes, c'est que près du mousquet de Charles IX, nous voyons le doigt de Catherine de Médicis, et sous le seing d'Élisabeth, la condamnation de Marie Stuart. Lorsqu'elles donnent dans les excès, les femmes n'y donnent pas à demi. Sublimes de dévouement en amour, elles sont implacables de haine, sous la fougue de leur impétueuse organisation. Toutes sont condamnées, de par la nature, à souffrir. Les inconvénients attachés à leur sexe réagissent sur leur système nerveux, comme un accès de fièvre brûlante qui bientôt s'éteint et les laisse étonnées d'elles-mêmes. On peut dire de certaines femmes qu'elles font *des enfants et des enfantillages* ; mais celles-là sont en minorité et font partie de la classe *mignarde*, des privilégiées du sort. Les femmes du peuple n'ont pas le temps d'écouter leurs nerfs, les jours de labeur se ressemblent tous pour elles.

On a dit :

Les hommes n'ont ni l'habitude ni la patience du mal, un rhume les abat, une migraine les accable ; ils s'indignent contre le plus léger malaise, la nature les a si largement favorisés ! Certes, ils travaillent à la sueur de leur front, mais la femme à son tour enfante avec douleur...

Sublime sentence : « *Tu n'es point la condamnation, mais la glorification du couple humain ! Tu travailleras à la sueur de ton front. Tu enfanteras avec douleur.* »

Mais le travail est la glorification du génie créateur de l'homme, et l'enfantement, le travail glorieux de la maternité !

Dieu juste ! cette allégorie de l'ange gardant l'entrée du Paradis, est-elle autre chose qu'une figure symbolique ? Adam et Ève goûtent à l'arbre de la science. Dès ce moment leur nudité les frappe ; ils quittent le lieu qui les vit oisifs, et cette science qu'ils ont appréciée, ils la recherchent ! cette humanité, qu'ils ont commencée, ils la paient de leur labeur !

telle est leur destinée ! Dieu avait tout mis sur le globe pour eux ; avant eux, le minéral, qui se végétalise ; le végétal, qui s'animalise, l'animal, qui s'humanise, forment les sublimes degrés de la prévoyance divine. Que la foi, agrandie, rayonne donc de monde en monde jusqu'à l'Éternel, qui, du semblable, tira le couple égal en substance, divers en manifestations.

Inclinons-nous devant la puissance infinie, l'aimant, parce que nous la connaissons ; la glorifiant, parce que nous la sentons, non point telle que la font les hommes ; mais telle qu'elle est en effet, immense, infinie, pleine de mansuétude !

CHAPITRE XV

LE FORMALISME ET LA VRAI FOI

L'humanité, quant à la foi, est à divers degrés de l'échelle des peuples. La morale varie, non-seulement selon les temps, mais selon les lieux. Plus les sentiments religieux s'élèvent, plus les peuples progressent. Des marmousets de Rachel, au Dieu des chrétiens, il y a toute la distance d'une grossière erreur à une vérité éclatante de lumière. Que, pénétrés de la majesté du soleil, les hommes primitifs l'aient adoré, il n'y a rien là que la raison repousse. Jacob, pour honorer Dieu, lui dressa un autel de pierre, que nous rappellent les anciens dolmens. Le culte des druides, fut un hommage aux splendides forêts dont les ombres couvraient la terre. Tandis que les Chaldéens adoraient les astres et en suivaient le cours, les Égyptiens adoraient les légumes, qu'ils voyaient se développer, puis les animaux. De là, ils passèrent au culte familier, jusqu'au bœuf Apis, point de départ de la religion du veau d'or.

A mesure que la race humaine s'est civilisée, elle a élevé de plus en plus le sentiment religieux. Dans l'isolement, chaque individu eut son fétiche, son dieu du foyer, qu'il remerciait ou mettait de côté selon que tournait sa fortune.

Par la tribu, réunie en patriarchat, les passions humaines, vices ou vertus, furent divinisées. De là l'Olympe, *pluralité des Dieux*, croyance sortie de la multiplicité des villes. Athènes, Corinthe, Sparte, Paphos, etc., etc., élevèrent des temples à la force, sous le nom de Jupiter ; au courage, sous le nom de Mars ; à la sagesse, sous le nom de Minerve ; à la beauté, sous le nom de Vénus. Chacun, alors, encensait ses propres passions et les servait en croyant servir Dieu.

Les nationalités puissantes devaient transformer un

tel culte ; Moïse, pour un seul peuple, reconnut un *seul Dieu*, « *le Dieu fort et jaloux, qui punit l'iniquité des pères sur les enfants, jusqu'à la troisième et quatrième générations, et récompense, jusqu'à mille générations, ceux qui l'aiment et gardent ses commandements.* »

Le monothéisme juif, avec sa législation mosaïque, fut pour l'Égypte, dans ces temps reculés, une révélation divine, source première du Christianisme, culte du Dieu pur esprit, inauguré par le verbe fait chair. Et, depuis bientôt deux mille ans que les paroles de Jésus ont été recueillies, quelles diverses interprétations ne lui ont pas données les conciles, les pères de l'Église et les commentateurs ? De là les schismes, les dissidences, les controverses à ruiner la foi.

Dans son admirable prière du *Pater*, le Christ laissait pressentir que le règne de Dieu n'était pas sur la terre, et il en appelait la venue. Est-ce qu'en effet chacun de nous a *son pain quotidien*, et savons-nous *pardonner à ceux qui nous ont offensés* ? Créés à l'image de Dieu, à la fois *amour*, *intelligence* et *force*, ne faisons-nous à autrui que ce *que nous voudrions qui nous fût fait à nous-mêmes* ? *Nous aimons-nous les uns les autres*, agissant en cela, comme les premiers chrétiens, qui mangeaient et buvaient *en commun*, se regardant à l'égal d'une famille de frères ?

Certes, telle n'est point l'humanité...... Elle a connu la religion du Dieu fort, le culte mystique du Dieu pur esprit ; quand pratiquera-t-elle la religion de l'amour, celle qui doit nous unir en une famille de frères ?

Chacun selon le culte auquel il appartient, est à peu près fidèle aux prescriptions de son Église. Le catholique va à la messe, le protestant au sermon, le juif à la synagogue ; mais tous ensemble, catholiques, protestants et juifs, s'en tiennent au froid égoïsme, et s'associent suivant la maxime dissolvante : du : *chacun chez soi ; chacun pour soi.* C'est que, sur notre planète, le mal est invétéré. On s'apitoie en Europe sur le trafic de la traite des noirs, vendus, le plus souvent, par les rois de leur race ; on ne s'apitoie pas sur *la traite des blancs*, sur le marchandage, plaie si invétérée qu'elle semble incurable ! Chacun, sous son propre toit, en gravissant quelques marches, trouverait du bien à faire, des infortunes à soulager ; mais le luxe et la misère, quoique voisins, sont souvent étrangers l'un à l'autre. Parce que la foi, dont il est dit qu'elle transporte des montagnes, n'existe plus. Çà et là, la charité fait isolément son œuvre patiente; mais on veut paraître au grand jour et, dans l'ombre, on cède à son égoïsme ; sauver les apparences, conserver le décorum, voilà ce qui suffit au plus grand nombre. On trompe tout le monde, et pour se donner gain de cause, on se persuade que l'on a du cœur lorsqu'on n'a que de la vanité.

Comment, dans de telles conditions, une génération serait-elle sauvée, sinon par un suprême retour sur elle-même et par un secours divin inattendu ? Le Souverain-Pontife, préoccupé de ses droits temporels, ne dégage pas le Christianisme des choses que le Christ dut taire, reconnaissant « *qu'on ne saurait pas les comprendre.* » Le règne du père qu'il appelait de ses vœux, n'est point venu. L'humanité n'est pas délivrée du mal, les tentations surabondent pour tous, à qui imputer le désordre ?

La société n'aime pas ce qui la gêne et repousse les préjugés parce qu'ils tiennent au passé. Mais qu'une grande vérité se produise, elle l'acclame et l'accepte. Où est cette vérité ?

Le Christ, humblement né dans une étable, em-
mené sur un âne par sa mère à Bethléem, n'eut pour
disciples que des êtres obscurs, propagateurs de sa
loi d'amour. Cette loi, qu'en ont fait les siècles ;
qu'en ont fait les hommes appelés à la transmettre
aux générations ? On observe les jours fériés, on
prie du bout des lèvres ; mais le cœur reste indiffé-
rent, et c'est avec distraction que l'on suit les
offices. Dans nos splendides basiliques, où l'art, ap-
puyé sur la foi, avait ménagé la lumière et donné à
ces voûtes entre-croisées un ton mystérieux qui pénétrait le fidèle de recueillement ; le chrétien, aujour-
d'hui, va par habitude. Ce n'est plus pour prier qu'il
s'agenouille, c'est par respect humain. Si les orgues
jouent, si de suaves voix se font entendre, il écoute
comme il ferait à l'Opéra. La musique terminée, il
entame avec son voisin une conversation mondaine ;
entré par une porte, il sort par l'autre ; l'Église est
pour lui un passage qui abrége son chemin et le met à
l'abri des ardeurs du soleil, des inconvénients de la
pluie ; a-t-il un rendez-vous ? il en attend l'heure à
l'église, cela le dispense d'aller au café et d'y payer
une consommation. S'il y a quête, il s'abstient de

donner, ou montre un écu et met un gros sou dans la bourse de la quêteuse. Au sermon, il s'endort ; à la messe, il lance des œillades aux jolies femmes ; à la sortie, il leur présente de l'eau bénite pour toucher le bout de leurs doigts ; c'est l'homme du monde, ce n'est plus le chrétien.

A-t-on, dans chaque famille, maintenu la foi ? institué le culte domestique et fait distinguer aux enfants le divin de l'humain ? Que sont les prières usuelles sans la sublime interprétation qui les relève ? une formule, répétée comme une leçon. De l'onction ? il n'y en a pas, on se hâte de presser sa phrase pour en abréger la durée, comme le cheval qui du trot se met au galop afin d'arriver plus vite.

Consultez une à une cent femmes catholiques, toutes se diront attachées à leur religion. Voyez-les se conduire dans la vie, il n'y en aura pas dix pratiquant le culte selon les commandements de l'Église. Certes, la vraie piété se montre bien plus dans l'accomplissement rigoureux des devoirs sociaux que dans la formule d'une prière générale. Aimer en Dieu la suprême justice ; dans la vie pratique, se montrer fraternel envers tous, c'est prouver sa foi par ses œuvres et propager le bien.

Le baptême et la première communion sont sans fruit, si à la parole du prêtre ne se joignent ni celle du chef de famille, ni celle de sa compagne, pour ajouter à la sanction de l'Église la sanction intime du foyer.

L'enfance accepte les idées toutes faites ; la jeunesse les examine et les raisonne ! Pour que les premiers principes inculqués à l'enfant se gravent en traits ineffaçables dans son cœur, il faut ne lui dire que ce qu'il peut croire, évitant ainsi de fausser son jugement et de développer dans son esprit les arguties de la controverse, cet art de tirer parti du paradoxe. C'est parce qu'elle est mal comprise que la religion est mal pratiquée. Le jour où, *vivante*, elle aura son temple au cœur de l'humanité, le formalisme ne primera plus la vraie foi ; Tartuffe quittera son masque hypocrite, les bigots se distingueront des dévots, le mensonge cédera le pas à la piété sincère. On comprendra la solidarité d'un lien commun à tous, et chacun, en travaillant à son propre bien-être, contribuera à la reversibilité générale, source divine de la prospérité humaine. Le curé de M. de Lamartine, dans Jocelyn, offrait les planches de son lit pour servir de

cercueil à un juif ; Béranger fait dire par un presby-
térien aux habitants du village :

« Quand vous pourrez, venez m'entendre,
« Et le bon Dieu vous bénira. »

Mais il ne leur dit point : Laissez la pluie perdre vos
moissons, venez à la messe, aux vêpres le dimanche,
Jeûnez, faites pénitence, gens de travail, tuez votre
corps pour sauver votre âme !

Étrange interprétation des paroles du Christ, le
corps et l'âme ne sont à perdre ni l'un ni l'autre.
Dieu donne à chaque partie de notre être des fonctions diverses, mais il ne les a point unies pour l'antagonisme, et s'il y a lutte en nous, c'est que nous
inclinons sur la pente du mal, sans écouter la voix
de notre conscience, sentinelle appelée à veiller sur
nous.

D'un ordre de choses imparfait quel parti tirer ?
Faut-il creuser l'abîme ou le combler ? Essayons du
bien, il y a si longtemps que le mal règne. La femme
a une mission importante à remplir : bonne par son
origine, qu'elle s'élève par sa dignité propre jusqu'au
niveau de son compagnon d'existence. Encore mineure,

elle a à conquérir sa majorité. Reine de la famille, si elle sait en tenir le sceptre, quelle puissance la dépassera? Que le mérite de certaines femmes n'abuse pas les autres, mais qu'il les transforme. Au miroir de leur beauté, beaucoup pourraient se faire illusion sur leur propre valeur : ce ne serait là qu'une erreur, la beauté est un attribut humain, la femme a prisé ce don éphémère; elle a tiré parti de ce qui passe, et négligé ce qui ne passe pas : l'intelligence et le cœur !

Vienne, pour elle, l'ère de régénération, où le mariage ne soit plus contracté en vue de la conquête d'une liberté dont elle ne sait pas faire usage.

Le mariage, lien d'un couple égal en droits, est la clef de voûte sociale ; nous essaierons de le démontrer par quelques exemples.

CHAPITRE XVI

DE DIVERS MARIAGES

A notre époque réaliste, on dissèque le corps social, on en montre les plaies sans se préoccuper d'y trouver un remède. Prenant l'humanité telle qu'elle est, *le mariage pour ce qu'on le fait,* au point de vue des amours du siècle, dans un livre que nous avons cité, l'ambition devient le grand levier des forces générales. « *Il faut se marier,* — dit-on, — *la religion et la société le veulent.* »

Pourquoi la religion et la société le veulent-elles ensemble ? Parce que *la femme n'est quelque chose que par son mari, « tandis que la vieille fille est un être antipathique.* » Quoi, parce qu'une femme ne trouve pas de mari, parce qu'il lui faut se priver *d'un protec-*

leur, d'une maison grande ou petite, elle devient un être antipathique! Mais que de neveux doivent au dévouement de leurs tantes célibataires des preuves d'affection dignes de la plus vive reconnaissance!

Parmi les déshéritées du mariage, il y a des femmes qu'un amour malheureux a brisées ou que la fortune n'a pas favorisées. Les unes et les autres, également frappées au cœur, sont devenues ou les fiancées du ciel ou les sacrifiées de la famille ; celles-ci, ont trompé leur amour en exaltant leur imagination ; celles-là, mères tendres d'enfants qu'elles n'ont pas générés, ont accompli une mission sainte devant Dieu et devant la société !

Quelle est la femme qui, dans sa jeunesse, avec un peu de beauté, n'a pas attiré un cœur vers son cœur ? Toutes, si elles l'ont cherché, ont eu cette chance. Mais de ce qu'on plaît, est-il dit qu'on aime ; et si l'on aime, est-il dit que l'on puisse ou que l'on veuille épouser ? Beaucoup de femmes restent dans le célibat par fidélité à un amour dont elles portent éternellement le deuil ; d'autres, par respect, pour leur propre dignité ou pour le rang qu'elles occupent dans le monde : celles-là n'ont pas dit : *Je ne l'aime pas, je ne crois pas qu'il me plaise, qu'importe, je l'épouse.*

Triste maxime qui enchaîne les couples sans les unir, et convertit l'acte le plus sérieux de la vie en un froid calcul d'intérêt! Alors, vraiment, l'ennui prend au cœur les conjoints, et du dégoût à la haine il n'y a qu'un pas.

On se marie trop légèrement, c'est un fait; la mère et la maîtresse de pension manquent en général à une partie de leur tâche, en négligeant d'inspirer aux jeunes filles le sentiment profond des devoirs conjugaux. Secouer un joug, conquérir sa liberté, voilà le mirage de l'hymen. Ce n'est pas l'union sainte de deux cœurs attirés l'un vers l'autre, c'est une affaire d'argent que le calcul résout. L'amour, qui colore les objets de son prisme enchanteur, est la chose de plus en plus rare. L'imagination de la jeunesse s'égare en nn labyrinthe de sensualités où l'âme n'a plus à intervenir.

Les natures élevées font de l'amour une passion plus noble.

Alphonse X... a épousé Élisa ***, il y a vingt ans de cela. Et, depuis vingt ans, pas un nuage n'a terni le ciel de leur union. Douce et gracieuse diplomate,

13.

Élisa, tout en laissant régner Alphonse, a l'art de gouverner. Entre eux jamais de froissement, ce que l'un exprime, l'autre l'a éprouvé; il y a unité de pensées dans leur âme, unité d'actions dans leurs vues. Le même sentiment les anime, et le fils de leur amour, aujourd'hui âgé de dix-huit ans, a changé leur dualité harmonieuse en une trinité plus harmonieuse encore! Dans cette famille, jamais de mauvaises humeurs, de reproches, de bouderies; ils sont heureux, ils s'aiment, et leur affection, pour avoir commencé par le côté charmant des illusions, n'a pas abouti aux mécomptes: l'estime est un fonds qui conduit de l'amour à l'amitié. Les sens s'apaisent, la jeunesse fuit, le cœur seul ne vieillit pas!

Presque toutes les femmes aiment les enfants. Petites filles, elles ont le goût des poupées et, de leurs instincts innés, on eût pu conclure à leurs sentiments plus tard développés. Voyez jouer ensemble de jeunes garçons, ils font de l'antagonisme. Les petites filles font du ménage, traitent leurs poupées en enfants gâtés et révèlent ainsi leurs aptitudes pour la maternité. Chaque sexe est donc dans son rôle. L'enfant prélude à l'homme, et de l'éclosion de ses facultés on peut induire à sa vocation. Honneur aux parents qui, chez leurs enfants, provoquent le développement des bons instincts et compriment les mauvais.

Il serait plus facile au riche qu'au pauvre de se procurer le bonheur, il a le bien-être. La vie matérielle est exempte, pour lui, des ennuis qui assiégent la classe laborieuse. Mais la nature humaine se crée des obligations et des devoirs factices. L'ouvrier qui, avec cent sous par jour, fait vivre sa famille et met dix sous de côté, s'estimerait riche s'il gagnait six francs, parce qu'il économiserait par jour un franc cinquante centimes, soit cinq cent quarante-cinq francs par an.

Mais ce même ouvrier, s'il gagne cinq francs et en dépense six, marche à sa ruine par cette raison que l'on est riche en économisant sur son revenu, tandis que l'on est pauvre en touchant à son capital. De là ces associations étranges entre individus qui se trompent mutuellement et marchent à une catastrophe pour avoir trop recherché l'argent.

Dans les mariages d'inclination, contractés entre gens de labeur, les époux ne comptent que sur leurs bras. Ils se promettent bien d'améliorer leur position;

mais si leurs espérances sont trompées, ils ne perdent pas courage tant qu'ils ont de l'ouvrage.

Ce qu'un mari sage doit rechercher dans sa femme, ce n'est pas la toilette élégante qui dégénère en coquetterie ; mais la simplicité décente. Il est possible qu'après s'être tendrement aimés deux époux pauvres arrivent à se détester. Cependant il faut reconnaître que si l'amour a chance de se transformer en amitié durable, c'est entre gens qui, pour s'unir, n'ont pris conseil que de leur cœur. Pourquoi l'amour pauvre dégénérerait-il en querelle ? Pourquoi jugeons-nous si sévèrement une classe qui mérite toutes nos sympathies ? Le travail est la couronne des gens intelligents. Les trésors qu'ils créent, les élèvent en dignité ! C'est dans les ménages pauvres que la conscience a son autel, l'économie ses fidèles. En un jour, l'homme riche dépense plus qu'un ouvrier en une année, et le favorisé du sort, avec ses brillants revenus, est souvent plus embarrassé à la fin du mois, que l'ouvrier qui règle ses dépenses sur son gain. Le riche achète tout à crédit, le travailleur paie tout comptant ; le premier ne voit d'un compte que le total, le second règle un à un ses achats. Au riche,

un fournisseur fait payer l'intérêt du crédit ; au pauvre, il ne demande qué l'addition juste. Et cependant,
étrange anomalie des choses humaines ; celui qui
achète en détail paie plus cher que celui qui achète
en gros. L'entrée d'une pièce de vin fin ne coûte pas
plus qu'une pièce de vin ordinaire ; le bois pris au
stère est la fleur du chantier ; le bois en falourdes, le
rebut du détail. Aux halles et marchés, les beaux
morceaux sont pour les riches ; les morceaux inférieurs
pour les pauvres. On frelate leur lait, leur café, leur
tabac. Le marchand qui, pour dix sous, se dérange
dix fois, se rattrape nécessairement sur la qualité de
la quantité. Si celui que le sort condamne à toujours
compter avec ses gros sous, en se donnant une compagne se donnait une charge et non une aide, on ver-
rait bien peu de mariages d'ouvriers. Mais sur le
même niveau l'on s'apprécie et l'on se dit : S'il arrive
des enfants, notre travail en commun nous permettra
de les élever... Ils sont bien forts, en effet, ceux qu'une
douce affection et une sage économie unit !

A certains points de vue tristes, chez les riches
l'ambition tue l'amour : « *Les filles élevées dans l'argent, pour l'argent, en vue de l'argent*, dit-on *ont*

ordinairement un petit esprit et un cœur étroit. »
Cette conclusion nous paraît fausse. Plus la fortune
sourit à quelqu'un, plus la vie lui devient facile. Suppose-t-on des vues larges à qui est limité dans ses
revenus? et pourquoi juger étroit l'esprit qui n'a pas
besoin de compter?

On a dit : « *Les gueux s'aiment entre eux.* »

Oui, le pauvre prend sur son nécessaire pour adoucir un mal qu'il a connu; mais le riche, en donnant
sur son surperflu, perd-il le mérite de son œuvre, et de
ce qu'il soulage une infortune sans l'avoir éprouvée,
s'ensuit-il qu'il ne croie pas au malheur? Le luxe du
riche, c'est le pain du pauvre, le prix du travail de
l'artiste et des recherches du savant. Il possède l'argent, levier de l'industrie humaine, source de la fortune publique, mobile de l'activité de tous. Et parce
que chacun l'envie, on suppose qu'*il n'aime que sa
caisse et ne peut avoir d'autres affections.* Quelle
logique! A ce compte, les mariages riches seraient,
sans exception, une immoralité flagrante.

Une telle opinion ne se discute pas.

CHAPITRE XVII

•

EXAMEN ET SUITE DE DIVERS MARIAGES.

Quelques fantaisistes osent avancer : « *Que l'amour ne se prouve pas par les grandes choses, mais par les petites.* » L'amour, croyons-nous, se prouve par tous les actes de la vie; mais plus un cœur est élevé, plus son dévouement doit être puissant. Les hommes, en général, manquent de ces délicatesses de détails dont les femmes ont seules le secret. Exiger d'eux ce qu'ils ne sentent pas, c'est compromettre son propre bonheur pour de futiles avantages.

Si les hommes sont gâtés, la faute en est aux femmes. Une bonne et douce influence peut réagir sur le plus revêche. Nous ne dirons pas, avec madame Dash, qui se trompe : « *Les défauts, la sécheresse, l'avidité, l'égoïsme augmentent avec l'âge ; si vous ne pouvez sympathiser avec un homme, adopter ses idées et ses manières, résignez-vous.* » Cette conséquence nous paraît peu sérieuse... Il est *sec, avide, égoïste,* ses *défauts augmentent avec l'âge,* et *il faut adopter* ses *idées,* se *résigner;* en un mot, devenir comme lui, *sè-che, avide, égoïste* ! ! ! •

Non, Mesdames, non, n'abdiquez pas votre dignité, ne faussez pas votre conscience jusqu'à *vous corrompre* pour n'avoir pu sympathiser avec celui qui vous a donné son nom. Loin d'adopter son égoïste sécheresse, assouplissez-le. Nous ne vous prêcherons jamais la révolte, nous vous conseillerons la fermeté. Ce ne serait pas comprendre le précepte biblique : « *Femmes, soyez soumises à vos maris,* » que de l'appliquer au mal comme au bien. La femme, pour prendre dans la société la place qui lui est due, doit se montrer digne de son élévation. Si elle subit, sans les combattre, les funestes influences, elle perpétue le mal et justifie l'état d'infériorité dans lequel l'homme a, dès lors, le droit de la tenir.

Il ne suffit pas au bon sens, à la droiture du cœur, à la conscience, d'*avoir l'air* vertueux, il faut *la réalité de la vertu.* L'hypocrisie, sous son masque, ne trompe que les niais ou les aveugles. Les gens de cœur découvrent toujours la larme cachée sous le sourire, la douleur qui se tait, la patience qui pardonne...

Il est triste de penser que l'on se marie ainsi que l'on met à la loterie, sur la chance d'un bon numéro, considérant le mariage comme une convenance, tandis qu'il doit être le lien d'un couple égal en droits. L'homme et la femme, différant de nature, sont destinés, chacun, à des fonctions appropriées à leur organisation diverse. L'un synthétise la vie, l'autre en voit les détails; le mari s'occupe de l'avenir; la femme, du présent. Lui, gagne en gros; elle dépense au jour le jour. Il veut ses enfants élevés; elle les élève. Il leur désire de l'instruction; elle, de l'éducation. Lui, prétend voir se développer le cerveau de ses fils. Elle, aspire à voir améliorer leur cœur. Elle sent que, de la sainteté de l'union des couples, concourant à élargir ensemble les facultés de l'enfance, dépend le bonheur de la famille. Le jour où les époux auront reconnu leurs droits réciproques, le mariage sera vraiment de *convenance*, et avec ou sans amour, *quand on se convient,* l'on s'estime. Or, il est

bien plus facile de passer de l'estime à l'affection rai-
sonnable que de l'amour passionné à l'amitié pure.

Se marier *pour ne pas coiffer sainte Catherine,
pour faire une fin,* c'est marcher tête baissée à sa
perte. Mais la société telle qu'elle est, ne laisse pas
d'alternative aux mères. A voir leur désir de marier
leurs filles, on les dirait *pressées de s'en débarrasser :*
elles craignent simplement de manquer un parti. Là
est leur tort... Si les mères se montraient plus diffi-
ciles, les gendres se montreraient plus empressés. Au
lieu de faire de leurs filles des minaudières, que les
mères en fassent des femmes sérieuses.

On a écrit : « *Une femme qui s'ennuie est capable
de tout.* » De prime abord, ce paradoxe a un air de
vérité dont bientôt on sonde le vide. La femme qui
s'ennuie, est un être inactif qu'il faut guérir de son
ennui en donnant de l'essor à son esprit. Les heures
ont pour tous la même durée, Madame Antier, jeune
et charmante femme, unie de convenance à un époux
qu'elle aime, nous disait : je trouve toujours le temps
trop court ; c'est que celle-là s'occupe tandis que les
autres s'ennuient...

S'ennuyer, vivre sur son apathie, ne rien désirer,

ne rien aimer, ne rien vouloir! Pardonnons cette existence aux inertes mollusques qui, pendant trois cent
soixante-cinq jours, vivent du même abrutissement,
et trouvent sans doute : « *Que mieux vaut s'ennuyer
fille que se risquer dans l'inconnu.* »

Nous ne suivrons pas, dans ses déductions, le charmant auteur que nous avons cité çà et là. Nous le savons
de bonne foi dans les conseils qu'il donne aux jeunes
filles; mais son livre, en dépit des vérités qu'il contient,
est un long plaidoyer contre le mariage, dont il dissèque un à un les inconvénients, avançant toutefois
« *que la vieille fille a un écu à la place du cœur.* »

Dieu nous garde de juger trop sévèrement une
femme de talent qui, pour avoir fait fausse route,
n'en est pas moins pleine de bonnes intentions pour
son sexe qu'elle voit entraîné par le courant du siècle,
et qu'elle croit incapable de lui résister. Chacun juge
à son point de vue. Les myopes touchent plutôt qu'ils
ne voient les objets; les presbytes les discernent à
grande distance. Ne nous plaçons ni trop près ni trop
loin pour être dans le vrai.

Filles, mères ou veuves, les femmes sont-elles ce
qu'elles doivent être?

Dans la famille et dans l'Etat, leur condition est-elle heureuse ?

Dépend-il d'elles d'améliorer leur sort, de le changer et de réagir efficacement sur la société par la puissance de leur exemple ?

Là nous semble être la solution du grand problème humanitaire, auquel tout penseur doit sa part de méditations.

La femme, dès son plus bas âge, reçoit une éducation qui fausse ses aptitudes, comprime ses élans et rétrécit ses idées. On ne l'empêche pas seulement de penser ce qu'elle dit, on lui défend de dire ce qu'elle pense. Son père, sa mère, ont, devant elle, un langage pour le monde, un langage pour l'intimité. Leurs actes contredisent leurs paroles, et l'enfant, dans ce chaos, flotte, indécise, ne sachant sur quoi arrêter sa pensée. La religion lui défend le mensonge ; la politesse lui apprend à le glisser doucement, sans blesser personne ni elle-même.

Cet écueil, les deux sexes y sont pris ; mais combien plus la jeune fille y succombe ! Il y a pour elle, du côté de la pudeur, des nuances si délicates, qu'aisément la mère inexpérimentée peut les transformer en bégueuleries et pousser son enfant à grimacer la décence plus qu'à la pratiquer réellement.

Ces deux mots : *décence et modestie*, qui semblent faits l'un pour l'autre, diffèrent cependant beaucoup et changent d'acception selon les peuples et les pays. Il est indécent, en Angleterre, de parler des vêtements qui touchent au corps ; il n'est point impudique, aux femmes, de se montrer la gorge nue ? En Turquie, elles se cachent le visage et montrent leurs talons. En Europe, ce qui est accepté dans le monde n'est pas reçu dans l'intimité. Une femme va au bal décolletée ; elle rougirait d'être vue, le matin, en robe basse. La pudeur est donc de convention ? Elle s'inspire, elle ne s'explique pas.

Une jeune fille sait-elle pourquoi sa mère ne reçoit personne dans sa chambre à coucher, sinon son médecin et son coiffeur ? Prend-on la peine de justifier à ses yeux tels ou tels usages ? Non ; aux questions qu'elle fait, l'on répond : Cela est reçu.

Reçu pourquoi ?

Par la force des préjugés, cet abus des temps passés.

Il est à peu près reconnu, et il est du moins certain, que *paraître* semble plus obligatoire *qu'être*. On

14.

se fait une vie factice, pour des devoirs et des habitudes factices. Célimène médit d'Arsinoé; Arsinoé médit de Célimène; mais l'une et l'autre, autour du fiel, mettent du miel et grimacent sous des sourires; tel est le monde... Chaque mère sent bien que sa fille court des dangers; elle voudrait l'empêcher d'aller boire à la source des misères communes; mais qu'a-t-elle fait pour la prémunir contre le mal? Lui a-t-elle donné une éducation rationnelle; mis dans les mains de bons livres et cherché pour elle le premier des biens, une sage amie? Qu'attend-elle de son enfant devenue jeune fille, si elle n'a pas fait germer en son cœur les principes de vertu qui doivent plus tard y fructifier?

Nous n'avons pas en France, comme en Angleterre, de petits traités pratiques, enseignant à chaque âge ce que la morale lui demande. Mais en son cœur, si elle le voulait, la mère la moins expérimentée trouverait un traité complet d'éducation à l'usage de sa fille. Les femmes énergiques sont celles que leurs mères ont constamment suivies et dirigées.

Que sont ces définitions de *sexe fort* et de *sexe faible?* Chacun, selon son tempérament propre, a sa force et sa faiblesse; mais peut-on appeler faible le sexe qui porte, allaite et élève les enfants? Aux femmes, la plus douce, mais aussi la plus rude tâche, celle qui prend l'enfance au berceau pour la suivre sans interruption jusqu'à la jeunesse. Est-ce là ce que font toutes les mères?

Si la réponse était affirmative, l'humanité chercherait-elle encore sa voie en tâtonnant, et l'égoïsme, qui grandit sans cesse, ne serait-il pas enrayé?

L'homme juste, celui qui regarde dans l'avenir, ne voit pas dans la femme un être inférieur fait pour lui obéir. Il voit en elle l'affranchie d'hier, inexpérimentée encore aujourd'hui; mais il voit en elle aussi la compagne destinée à le compléter, à l'inspirer, pour qu'en eux soit le couple manifestant Dieu.

L'homme est-il cet époux digne de l'épouse aimante, inspirée, régénérée?

Tous deux sont à vivifier. Le mariage, de nos jours, est une parodie du mariage selon la vraie justice et la religion : nous essaierons de le prouver.

CHAPITRE XVIII

LES ÉPOUX SONT A TRANSFORMER

Il existe à Paris et dans toute l'Europe, des cours pratiques embrassant les diverses branches des beaux-arts, de la science et de l'industrie. Dès qu'un enfant peut suivre deux phrases et lier deux idées, on l'applique à l'étude du Catéchisme, en vue de l'unité de croyance ; mais, pour aboutir à l'*unité d'action maternelle, il n'y a ni cours spéciaux, ni enseignements privés*. Chaque femme, renfermée dans son petit cercle de famille comme dans une boîte, y est à la fois juge et partie. Si elle aime le monde, son enfant passe des mains d'une nourrice aux mains d'un instituteur ou d'une institutrice. Si elle aime la famille, il est probable que, dans son ignorance en l'art d'élever les enfants, elle gâtera les siens ; et, pour n'avoir pas le courage de leur résister une fois, subira leurs larmes de tous les jours. On a jugé les préceptes du catéchisme indispensables à tout enfant chrétien. Est-ce que le foyer domestique ne devrait pas avoir *son code*, se rattachant au code religieux par chacun de ses points ?

Les mariages selon l'argent finiraient par primer les mariages selon l'affection, si les époux n'entrevoyaient, dans leur union, que les avantages matériels, abstraction faite de l'avenir de leurs enfants. D'ordinaire les peuples victimes d'un abus, tôt ou tard s'en délivrent en réagissant sur eux-mêmes. A notre époque d'égoïsme, s'il y a entraînement et non réaction, c'est que le mal n'a pas encore creusé assez profondément son sillon. La chasse à courre de l'or ne corrige personne. On voit bien, devant soi, ceux qui tombent ; mais on se croit plus solide qu'eux et l'on va jusqu'où est la culbute. C'est la croisade du numéraire, le grand combat du capital, tout le monde veut y prendre part.

Dans cette lutte, les plus chanceux atteignent le but, les autres meurent à la peine ; mais les premiers trouvent-ils dans leur ambition satisfaite le bonheur qu'ils cherchaient? Non, plus leurs occupations se sont multipliées, plus le foyer domestique leur est devenu étranger. Madame a apporté une dot, Monsieur, qui l'a fait fructifier, se croit quitte. Si ces époux étaient entrés dans le temple de l'hymen par la porte du devoir, la chaîne qui les rive l'un à l'autre n'eût pas été trop lourde; mais ont-ils songé à autre chose qu'à leur bien-être matériel?

Les préceptes bons ou mauvais, inculqués de bonne heure à l'enfance, se gravent en son cœur pour la vie; donc, si le mal grandit, c'est l'indice d'une lacune qu'il faut combler, d'une initiative qu'il faut prendre. *Un code maternel* comblerait cette lacune; aux penseurs, aux moralistes des deux sexes de rechercher *l'esprit et la lettre de ce code*, que chaque famille, chaque école devrait posséder et pratiquer, afin de travailler à la transformation du couple par l'éducation nouvelle, appropriée à l'enfance humanitaire.

En Suisse, où l'instruction est gratuite à tous, sans distinction de sexe, le peuple n'a sur les lèvres aucun juron et chacun paraît placer au-dessus de tout sa propre dignité. En France, toutes les pensées généreuses trouvent des défenseurs et des apôtres. Cependant, en ce qui touche aux femmes, ce pays des anciens preux se montre injuste et partial. On leur permet bien d'accomplir *leurs devoirs,* on ne tolère pas qu'elles parlent de *leurs droits.* C'est comme une habitude prise, comme un état des choses consacré.

Il faut d'ailleurs en convenir, certaines femmes prêtent à cette rigueur et se conduisent de façon à faire constater leur infériorité. D'une part, souvent les jeunes filles manquent de dignité; d'autre part, les mères manquent de prudence. On isole les sexes, on les met dans l'impossibilité de se connaître, de s'apprécier.

En Amérique, où une liberté entière leur est laissée, la femme, loin de perdre en considération, est, sinon supérieure, du moins égale à l'homme. On n'établit pas, comme chez nous, de polémique dans les journaux avancés pour soutenir ou combattre : celui-ci, l'utilité; celui-là, le danger du travail en commun de l'homme et de la femme. Reconnaître l'égalité des sexes et refuser aux femmes leur droit au salaire, c'est accepter un principe pour en nier les conséquen-

ces. Le danger n'est pas dans la réunion des sexes, il
est dans les excitations de la convoitise, dans les en-
traînements de l'imagination. En Amérique, loin de
les éviter, les jeunes filles cherchent à connaître les
hommes, *la fleurtation* n'a pas d'autre but. Libres,
elles vont en quête d'un fiancé à leur convenance. Une
fois engagées, la famille leur devient un sanctuaire.

Il n'y a pas à craindre de démoraliser la jeunesse
en la rapprochant. Les hommes n'ont qu'à gagner
sous l'influence de la femme, et il est juste qu'ayant
sa place au soleil, celle-ci ait droit au pain quotidien
du travail.

Certes, tant que vous pourrez vous en dispenser,
n'enlevez pas la femme à sa famille, mais laissez la
fille suivre sa mère, la femme partager le labeur de
son mari, et la célibataire ou la veuve, disposer, à
leur gré, du temps qui leur appartient !

L'amour qui, jadis, avait ses délicatesses de cœur,
ses dévouements respectueux, ses autels du plato-
nisme, par la séparation absolue des sexes, devient
une passion *bestiale*, qui s'empare des sens, les en-
vahit, les domine, et, comme la fièvre, a ses dangers.
L'amour né d'un sentiment tendre, grandit doucement,

15

s'appuie sur l'estime, se transforme en amitié. La passion sensuelle est une surexcitation du système nerveux, un délire de l'imagination ; mais l'accès passé le malade guérit, et la complice de sa folie, la femme entraînée, devient la victime immolée sur l'autel du plaisir.

En présence d'un tel état de choses, la mère ne saurait trop veiller sur sa fille. Mais que cette jeunesse entraînée se fût estimée d'abord, aimée ensuite, les liens formés entre elle n'eussent-ils pas eu plus de chances de durée ?

En France, où le mariage est indissoluble, les époux peuvent se séparer, ils ne peuvent pas rompre leur chaîne. Chacun, s'il y a entre eux incompatibilité de mœurs, de goûts, de caractères, obtient de vivre seul ; mais vivra-t-il réellement seul et la morale sera-t-elle plus sauvegardée par cette séparation de l'antipathie commune. « *Femmes, soyez soumises à vos maris ; maris, protégez vos femmes,* » dit l'Église. Y a-t-il, dans l'acte saint du mariage, le respect à ce commandement ? Dans les pays libres, où la femme choisit et se donne, où le divorce est permis, l'époux a bien plus à veiller sur lui que dans les pays où le *oui* municipal le lie pour vie. S'il n'aime pas sa femme, en se dégageant, il la délie ; s'il l'aime, il lui fera d'autant plus de sacrifices qu'elle aussi pourrait demander et obtenir son divorce.

Rien n'est enviable comme une longue union bien harmonisée. Plus les époux sont avancés en âge, plus on se sent disposé à les entourer de respect, pour la sainte durée de leur affection. Les enfants ont grandi, ils ont trouvé dans la famille les sages conseils de l'expérience, l'appui que le faible demande au fort, et leur vie s'est simplifiée d'autant plus qu'ils n'ont connu ni l'hypocrisie, ni le mensonge, ces auxiliaires du vice.

En 1838, madame veuve Favre unissait sa fille à un jeune homme qu'elle avait dès longtemps apprécié. Les nouveaux époux, droits de cœur tous deux, avaient les mêmes goûts, les mêmes aspirations ; botanistes passionnés, on les eût vus ensemble gravir la chaîne des Alpes bras à bras, pour enrichir leur herbier de quelque sujet nouveau. Les enfants venus, garçon et filles, le père et la mère mirent en commun la tâche de l'éducation. On ne les sépara pas, chacun apprit les mêmes leçons, mais à certaines heures ; tandis que les filles cousaient, le fils se livrait à des travaux

propres à son sexe. Plus tard, la famille entière her-
borisait par monts et par vaux, s'instruisait en mar-
chant et rentrait au logis les pieds endoloris, mais
l'appétit aiguisé, le cœur content, l'esprit léger. Sur
telle montagne, le père avait donné une leçon de géo-
logie ; sur telle autre, on avait cueilli une plante qui
manquait à l'herbier. Ici, l'on s'était arrêté devant un
monument gothique ; là on avait déchiffré une inscrip-
tion remontant à l'enfance des âges. On étudiait la
marche des vents, l'état du ciel, l'approche des orages ;
jamais on ne rentrait sans savoir quelque chose de
plus que la veille ; or là, filles et garçon, suivant de
communes études, ayant pour professeurs leur père
et leur mère, l'unité la plus parfaite d'enseignement
a existé pour eux de même que l'égalité des sexes ;
est-ce qu'à cette fusion des pouvoirs l'autorité du
couple a perdu? Il y a eu, au contraire, cela de remarquable, que le fils, assoupli par la mère, a gagné
chaque jour en douce affectuosité. Digne sans raideur,
fier sans arrogance, il inspire à ses sœurs l'énergie
et apprend d'elles la bienveillance. Ainsi se tempé-
raient les uns par les autres, ces enfants grandis ensemble et qui, dans les sages enseignements de leurs

parents, ont puisé, pour l'avenir, la règle de leur conduite. Les filles, simples de goûts, sont restées timides
et modestes ; la liberté pour elles n'est pas la licence,
mais le droit d'élever de plus en plus les facultés que
chacune a reçues de la nature. Dans ce cercle où tous
sont d'accord, la même pensée remplit les âmes. Le
père a la fermeté douce du vrai courage, l'énergie de
la vraie dignité. Son code de famille est une lettre
vive. Où s'apprécie le devoir, le devoir est facile !

Nous avons dit : filles, mères ou veuves, les femmes
sont-elles ce qu'elles devraient être ? Evidemment non,
puisque le plus grand nombre comprend l'émancipa-
tion par l'usurpation des prérogatives de l'homme : et
n'est-ce pas une folie que ce rêve d'un changement
de sexe ? L'homme efféminé, la femme masculinisée,
sont des êtres anormaux qu'il faut accepter, mais non
perpétuer. Que gagnerait la jupe à devenir pantalon
et le pantalon à devenir jupe ? Dalila, pour avoir
coupé les cheveux à Samson, en fut-elle plus forte, et
Hercule, filant aux pieds d'Omphale, fit-il autre chose
que se ridiculiser ?

Ne forçons point notre nature, gardons les attribu
tions qui nous sont propres, chaque sexe perdrait à

vouloir singer l'autre ; ces facéties sont tout au plus admissibles au théâtre où l'on va pour passer une heure et s'égayer.

Quant à être, dès maintenant, à la hauteur du sexe qui tient la puissance, c'est une illusion que nous ne pouvons nous permettre. Les glorieuses exceptions ne font que confirmer la règle. Du rang le plus élevé au dernier rang de la société, les femmes, en général, ont beaucoup à grandir pour être au niveau des hommes. L'intelligence et la finesse leur sont naturelles, mais les études sérieuses, le travail de l'esprit, elles n'en ont pas l'habitude. Il est plus facile de les persuader que de les convaincre ; leur cerveau, par défaut d'exercice peut-être, se refuse à tout travail où la raison seule doit agir ; quant à l'imagination, c'est autre chose, la plus pauvre en est riche et peut y puiser des trésors de fantaisies, la source n'en tarit jamais.

C'est à l'excès de leur imagination que les femmes de tous les âges doivent le malheur de leur vie. La délicatesse de leur organisation, la sensibilité naturelle de leurs nerfs, sont des leviers qui mobilisent leur pensée et la font miroiter dans leur cerveau. Jeunes filles, elles vivent dans un monde idéal, œuvre de leur fantaisie ; femmes mariées, le côté réel de la vie les brise ; vieilles femmes, celles qui sont bonnes recommencent à jouer à la poupée avec leurs petits enfants ; les autres se prennent à aimer Dieu, leur dernier amour...

Ce n'est ni dans le vague d'un rêve, ni dans l'accablement du réalisme terrestre que nous voudrions les voir vivre ; mais de cette vie active et puissante où chaque individu se sent solidaire de l'ensemble et uni à lui. Que les femmes, dans leur indolence, ne se disent pas : Nous ne sommes rien, nous ne pouvons rien. Dieu qui donna Ève pour compagne à l'homme, la fit au moins son égale, sinon sa supérieure. Adam fut tiré de la matière inerte : Ève fut tirée d'une côte d'Adam, et *Dieu ne créa rien au-dessus d'Ève.*

Sans vain orgueil comme sans trop grande humilité, que chacune prenne au sérieux la vie et s'élève aux yeux de l'humanité, pour être vraiment, devant *Dieu,* la compagne de l'homme.

CHAPITRE XIX

DANS LA FAMILLE ET DANS L'ÉTAT, LES FEMMES SONT-ELLES HEUREUSES?

Égale à l'homme devant Dieu, la femme, quant à la loi, est dans un état de dépendance dont sa propre élévation peut seule la tirer. Les esprits justes ne consultent pas la lettre écrite et font passer dans les mœurs ce qui un jour sera dans le code. Jusqu'ici l'époux prête son nom, plus qu'il ne le donne, à sa compagne. C'est une propriété commune à tous deux, mais *avec servitude pour la femme. Elle use et ne dispose pas*, le législateur, en lui donnant un gérant, a voulu, sinon lui imposer un maître, du moins lui assurer un protecteur gardien de ses droits. Mais de ce que cela est légal, s'ensuit-il que l'esprit de justice du mari ne puisse tempérer incessamment la rigueur de la loi? Nous voyons, en effet, de nombreux ménages où l'initiative de la femme entraîne celle du mari ; d'autres, dont l'industrie revêt un caractère purement féminin et laisse l'homme en dehors de toute participation active. De quel droit le mari interviendrait-il dans l'industrie des modes, de la haute nouveauté, de la lingerie et, en général, dans l'art de confectionner avec grâce les diverses parties du vêtement des femmes? Ce n'est pas dans ces spécialités du goût que se démontrerait la suprématie masculine! Elle n'a rien à prétendre, non plus, en l'art de conduire l'enfance. Gérer, élever les petits, est un soin qui incombe à la mère. Elle vivifie l'embryon, le porte avec amour, accueille avec tendresse le nouveau-né, l'allaite, guide ses premiers pas, lui apprend à bégayer les mots d'une langue qu'il ignore, développe en lui l'instinct, éveille son intelligence et prépare sa raison à formuler un jugement.

Or, dans l'enfant est l'homme. Et comme les premières impressions reçues sont les plus durables, les principes bons ou mauvais inculqués par la mère à ses babies, sont ceux qui pousseront les plus fortes racines. Là est, dans l'humanité, la vraie tâche de la femme : heureuses celles qui l'accomplissent dignement, bien coupables, à leur tour, celles qui n'en comprennent pas l'importance.

Si le mariage, au lieu d'être un sacrement, est devenu une affaire, à qui la faute ? L'époux voit les charges, il ne voit pas les avantages. D'ordinaire, dans un contrat, celui qui livre une chose en reçoit le prix. Dans le mariage, le père qui livre sa fille, paie le mari qui la prend ; la dot est la condition *sine qua non* du plus grand nombre de contrats. L'un se vend, l'autre se livre... S'il vous plaît, ne donnons pas le nom d'amour à ce trafic d'argent qui dégénère, trop souvent, en antipathie pour ouvrir la porte à l'immoralité.

La femme ne choisit pas, elle accepte son mari. Ils ont d'abord échangé leurs cartes daguerréotypées. On a évalué le revenu, pris note des espérances que réalisera la succession d'un vieux parent ; on sourit à ces chances de mort ; on signe le contrat. Chacun des conjoints observe l'autre et l'étudie, non pour lui complaire, mais pour saisir ses défauts, pour signaler ses ridicules ; ils ne se disent pas : « Nous sommes liés, unissons-nous. » Ils se *défient* et se *méfient* ; la lutte

est entre eux inévitable. Et pourtant, même dans cette
condition, la pire de toutes, si la femme au lieu de
l'hostilité essayait de la conciliation, elle ramènerait
son mari et finirait par se l'attacher. Celles qui ont
commencé par l'amour peuvent passer sans peine à
l'amitié ; celles qui ont commencé par l'indifférence, à
force de bons procédés attireraient l'estime qui survit
aux plus vifs sentiments.

La jeune fille frivole devient facilement une femme
légère, aujourd'hui que tout pousse à la légèreté. La
littérature s'abâtardit, le théâtre n'exhibe que des si-
tuations anormales de débauchés triomphants, de
femmes perdues glorifiées. On dore aux vicieux le
calice du vice et l'on s'étonne qu'à vingt-cinq ans, la
génération soit tarée ; qu'à trente, elle soit gangrenée ;
à cinquante, corrompue ? N'est-il pas juste de récolter
selon la semence ? le bon grain sort du bon grain,
l'ivraie sort de l'ivraie.

Dans les familles où l'exemple de la mère exerce
une action salutaire, les enfants n'ont pas de peine à
se développer en bien, ils ne font que suivre une ligne
tracée. De la démonstration de ce fait on peut tirer
cette conséquence : que si chaque femme se pénétrait

bien de ses devoirs, toutes ensemble elles acquerraient la part de droits qui leur manquent.

Le grand tort de certaines émancipatrices est de vouloir ôter aux femmes les attributions de leur sexe, comme si elles n'auraient pas à y perdre ?

Dans la famille, le rôle de la femme est tout d'insinuation. Elle n'a pas à prendre d'assaut l'autorité, elle la gagne. Chaque jour, si elle y persiste, elle pénètre un peu plus dans le cœur de son mari, et justifie le proverbe : « *Ce que femme veut, Dieu le veut.* »

Les attributions du mari sont, le plus souvent, distinctes des siennes. Si elles se confondent parfois, elles n'en diffèrent pas moins éternellement au point de départ de la famille : *les enfants.* Il convient donc de déterminer à chacun sa tâche et d'égaliser les parts afin qu'aucun ne se croie lésé.

La femme aristocratique, avec de la fortune, peut, relativement aux autres, posséder une apparence de liberté. Elle arrange à son gré les douze heures de sa journée, se lève quand il lui plaît ; lit, fait de la musique, se promène, dîne et va dans le monde. Mais dans ce monde, cercle à elle, la calomnie y trahit souvent l'amitié, la malveillance y poursuit la vertu, le vice y attaque l'innocence. Ce n'est pas de la liberté qu'on y a, c'est de l'hypocrisie qu'on y grimace; chacun s'observe, s'écoute, prend un masque et rentre fatigué de tous, mais plus particulièrement de soi, sentant bien que le bonheur n'est pas cette chimère que les riches appellent plaisir, que les pauvres appellent fortune.

C'est pourtant bien d'en haut que nous vient la lumière, plus la fortune est inféodée de vieille date à un nom, plus il y a chance que ce nom soit bien porté : « *Naissance oblige.* »

La femme riche, libre de son cœur, en dispose selon l'amour ou selon les convenances. Celle-là, si elle s'est trompée, trouve dans les douceurs de la fortune une compensation à ses ennuis; si son esprit a de l'activité, elle peut consacrer aux beaux-arts, à la littérature, les heures qui lui sont données. Mère de famille, elle peut appartenir sans opposition à ses enfants; si elle sait les élever, à elle le soin de former leur cœur, de préparer leur avenir : c'est au sein de la mère que doit commencer l'éducation de l'enfant.

Cette régénération du type humain, les femmes des classes élevées l'ont-elles commencée, et si elles ne l'ont pas fait, sont-elles à la hauteur de leur mission?

Le bonheur est-il leur partage ? Moralement et intellectuellement, sont-elles sur la même ligne que leurs conjoints? Évidemment non ; le tort est à elles de *pouvoir* et de ne pas *vouloir*.

Dans la bourgeoisie, où les femmes sont plus près de leurs enfants, pour une mère expérimentée que de nourrices absurdes, que de clairvoyantes aux yeux fermés ! Tant que dure la lune de miel, l'engouement du mariage absorbe les heures du couple, les enfants viennent, on les gâte, et *pour trop les aimer* on ne sait *pas les aimer bien*. Là encore est l'inexpérience. Comme a fait la mère fait la fille : la routine préside à tous les actes de sa vie. Le mari, *impuissant ou insouciant*, prend le foyer domestique en dégoût et laisse se démêler avec les petits, la compagne qu'il devrait seconder. Celle-là encore peut se frapper la poitrine e dire : « C'est ma faute, c'est ma très-grande faute. » Elle n'a pas le bonheur.

Telle est la bourgeoisie prise en masse. Prise en détail, on trouve à signaler, dans de nombreuses familles, l'exception qui démontre jusqu'à l'évidence ce que peut chaque couple. Vous que tôt ou tard les années courberont, ornez votre esprit et votre cœur;

le temps employé à ce soin vous paraîtra léger, et moins vous exigerez de votre mari, plus vous serez heureuses dans le mariage.

Quant à la femme ouvrière, la tâche qui lui est dévolue est lourde et ne saurait être allégée que par un remaniement de l'ordre social : celle-là n'est pas, ne peut pas être heureuse. Plus qu'aux autres, la société lui doit sa sollicitude ; car, dès le berceau, elle a fait partie de la classe déshéritée de tout capital. Pour la contenter, il lui faudrait non point le luxe, l'oisiveté, la richesse, toutes choses qu'elle ignore, mais le bien-être par le travail, seul objet de ses aspirations. La paresse chez les pauvres, c'est le vice, et si les prostituées sortent de cette classe, c'est que l'amour les lance dans l'inconnu d'un monde dont elles prennent les travers et point les qualités.

Dieu n'a rien fait d'inutile ; avant d'appeler l'homme à prendre possession de la terre, il l'avait pourvue de tout ce que le travail actif, intelligent, pouvait lui demander. Mais le mécanisme harmonieux de notre être, les facultés qui président à son ensemble organique, ne nous laissent aucun doute sur le but de notre destinée.

Le cerveau ordonne, les membres obéissent, l'ouvrier n'a qu'à tendre la main, le travail est à sa portée. Du sein de la terre, ses bras font sortir tous les règnes dont ils s'appliquent les richesses. La pierre, le marbre, le granit, le fer, l'airain, lui servent à élever des cités et des palais splendides. Il fouille encore et trouve le charbon, le diamant, le cuivre, l'or, l'argent. A la surface, il jette un gland et voit pousser un chêne ; où il a mis un grain de blé, il récolte un épi. Pour le nourrir, les troupeaux abondent ; le ciel, la mer, les jardins, les vergers, les champs, les prairies et les vignes lui sont donnés, et, sous tant de richesses, il est des malheureux qui n'ont pas où reposer leur tête, tandis que d'autres hommes possèdent d'immenses revenus ! Comme les faibles ruisseaux se tarissent dans leur course ou portent leurs eaux aux grandes rivières, les petits meurent épuisés, tandis que les grands, ainsi que les fleuves majestueux, couvrent tout de leur nom.

Mais petits et grands ont une même origine. Le travail est la source d'où ils sont sortis, le but final de leur marche. L'homme usufruitier de sa planète l'a reçue de Dieu en prêt pour en jouir collectivement, non isolément. Le couple inséparable a droit à *deux parts égales* d'une richesse commune, fécondée par le labeur; qu'il vienne des bras ou du cerveau, tout travail mérite salaire, chaque sexe y a droit; Dieu n'a pas condamné au néant la moitié de sa race, mais pour avoir part aux faveurs il faut avoir part à la tâche, et si les femmes sont encore loin du bonheur, c'est qu'elles n'ont pas su obtenir l'égalité qui le rend possible.

CHAPITRE XX

IL DÉPEND DES FEMMES D'AMÉLIORER LEUR SORT

A examiner la société dans son ensemble, elle paraît marcher aussi bien que faire se peut ; mais, prise en détail et famille par famille, on découvre dans chaque petit cercle des symptômes de trouble, les mêmes partout. Si ce n'est pas le désordre, ce n'est pas l'harmonie. Dans les ménages riches, chacun vit de son côté ; mais à certaines heures, on se retrouve pour les convenances que le monde impose. Dans la bourgeoisie, le mari a sa fonction ; la femme veille aux soins du ménage ; on se réunit aux heures du repas et la bonne entente a le droit de siéger au foyer ; s'il n'en est rien, c'est que, par notre temps d'amours-propres exhubérants, on ne sait guère vivre ensemble sans

se froisser, et il est rare que l'on se dise *in petto :*
*Pour être libre, reconnaissons à chacun son droit de
liberté.* Lorsque la société européenne se composait de
maîtres et d'esclaves, le seigneur, c'était la loi, usait
jusqu'à l'abus de ses vassaux, et tous courbaient la
tête ; mais du sein des masses opprimées s'élevaient
des murmures qui, sourds d'abord comme le mugisse-
ment des vagues, allaient croissant et se répercutaient
d'échos en échos, de fief en fief, de village en village.
En ce temps-là, les seigneurs se bouchaient les oreilles
pour ne point entendre où riaient, s'inquiétant peu
des bruits qu'ils entendaient, tant ils les croyaient éloi-
gnés. Et pourtant, un jour, l'affranchissement qu'ils
avaient demandé comme une grâce, les serfs le récla-
mèrent comme un droit et se firent justice. Il n'y a pas
deux tiers de siècle de cela ; les parchemins restèrent,
mais la féodalité tomba, et les affranchis de la veille
prirent place le lendemain qui, parmi les bourgeois ;
qui, parmi les paysans ; quant aux femmes, les jeunes
furent quittes du droit du seigneur : les autres conti-
nuèrent de subir la condition de leurs maris. L'histoire nous dit bien les amours des preux et des tendres châtelaines ; les chroniques nous ont rapporté

les chants des trouvères et des troubadours. A travers le prisme du souvenir, nous voyons les chevaliers ceindre l'écharpe brodée de la main de leur dame. La légende de Gabrielle de Vergy, celle de Clémence Isaure et quelques autres, sont restées dans notre mémoire ; mais des classes mixtes, on ne sait rien, des fragments épars lui ont seuls survécu. La femme alors avait une sorte d'empire, il n'y a que la politique qui l'ait isolée, et encore derrière Louis XIV ne voit-on pas Madame de Maintenon ; à côté de Napoléon Ier, Joséphine? Le Christianisme, en faisant table rase des faux dieux, n'a pu effacer le souvenir des druidesses, des pythonisses et des vestales? Notre sexe, élevé par le sacerdoce, fut de là, relégué dans la famille, son temple naturel. Lorsqu'il l'a voulu, il a exercé dans ce sanctuaire intime le pouvoir que son titre de maternité lui conférait ; mais subalternisée par l'époux, son seigneur et maître, la femme trop souvent a justifié l'infériorité que celui-ci lui a supposée. Le mensonge et la ruse ont été ses armes, et si, de nos jours, le mariage est une chaîne au bout de laquelle tiennent deux boulets ; c'est que l'équilibre conjugal ne saurait s'établir que sur les bases d'une égalité parfaite entre époux. Traiter légèrement de l'union des couples, c'est violer la loi morale et religieuse de l'humanité. Au point de vue de la filiation, quelle importance ne faudrait-il pas accorder à cette union non-seulement sous le rapport des sentiments, mais au point de vue des tempéraments ? Le caractère primitif de l'homme, est celui qu'il tient de sa constitution originelle. Un vieux proverbe dit : « *Tel père, tel fils.* » Ce dicton tradionnel est juste : L'homme sain génère des enfants sains. Nos défauts ne procèdent pas tous de notre éducation, ils résultent de notre état normal aussi bien que des conditions physiques, intellectuelles et morales dans lesquelles nous vivons. Le sang fait le caractère; l'hygiène fait le tempérament. Ce que les générations anciennes possédaient en forces musculaires, les générations modernes l'ont acquis en facultés intellectuelles. Il n'y pas eu équilibre vital, il y a eu absorption. Mais comme la volonté a son siége dans le cerveau, les forces nerveuses aidant, la famille humaine, physiquement amoindrie, s'est intellectuellement développée. Les physiologistes pourraient dire mieux que nous, s'il n'y aurait pas lieu de reconstituer la santé des peuples par des moyens normaux tendant à pondérer les facultés de l'espèce sans en compromettre aucune. La science s'occupe du perfectionnement des races animales ; quant à l'amélioration de l'humanité, il n'y a ni concours ouverts ni prix proposés. On ne dit pas régénérons nous. L'humanité réagit sur sa planète, dont elle résume en petit les principes constitutifs et, avec laquelle, incessamment, elle échange ses gaz vitaux. Si le globe est malade, c'est que les races qui le peuplent sont malades à leur tour. De cette action et réaction simultanées résulte le trouble anormal que les saisons constatent.

On fait des troupeaux de progression qui changent en races pures des races bâtardes. Dans un monde plus récent que le nôtre, en Amérique, on transforme les nègres en mulâtres, les métis en quarterons et les quarterons en blancs. Ce sont là des moyens naturels que devront faciliter ces grands réseaux de voies ferrées, dont le globe déjà sillonné, sera bientôt couvert. Les physiologistes ont de tout temps considéré la fusion des races comme le plus puissant moyen de régénération de l'espèce. La froide habitante du Nord, unie à l'habitant du Midi, tempère par son calme la

fougue ardente de son conjoint ; et de cette association
de tempéraments extrêmes, une génération se forme
équilibrée en forces physiques intellectuelles et morales, que chacun peut voir se développer dans l'intérêt
de tous. Le couple, dans l'œuvre commune de la
procréation, donne à l'embryon de sa race le cachet de
sa double nature, unifiée par le mystère de l'amour.
Admirable incarnation qu'il dépend de la mère de
faire fructifier ou périr.

Comme entre les mains de Dieu est le sort de
l'humanité, entre les mains de la mère est le sort de
l'enfant, sans lequel il n'y a pas d'humanité possible.
La mère, type générateur, passive quant à l'époux,
est active quant à l'enfant, dès qu'elle le sent en son
sein elle peut travailler pour lui. Ce n'est pas à apaiser
les vagissements du nouveau-né que doit s'appliquer
sa tendresse, mais aux soins raisonnés qu'il exige.
A voir la plupart des mères étouffer leurs petits sous leur
amour inintelligent, on se demande si, sous de telles directrices, il n'y a pas à désespérer de l'humanité? Certes, il faudrait prendre le monde en dégoût et jeter au
feu son impuissante plume, si, du sein de ces aberra-
tions maternelles, ne s'élevaient de temps à autre, des

femmes qui ont senti qu'à leur tour, comme citoyennes, elles doivent des hommes à la patrie ; comme mères, des fils intelligents, aimants et forts à la famille. Celles-là, regardant autour d'elles et frappées de l'inertie de leur sexe, ne se sont pas dit : Tout va mal, laissons faire ; mais, fortes du sentiment de leur devoir, elles ont rempli dans la famille la tâche qui leur incombait, ré-générant en détail ce que toutes pourraient ensemble transformer. A celles-là, à leurs tentatives, le progrès dans la famille au nom de l'humanité. Elles ont com-pris que chaque mère, en améliorant ses fils, travaille individuellement à une œuvre collective, et si toutes, comme elle, prenaient à tâche leur mission d'éduca-trices maternelles, dans vingt ans une génération forte de santé, droite de cœur, sincère de bouche, s'é-lèverait pour commencer sur la terre le règne de Dieu, qui sera le règne au profit de tous.

Femmes, il dépend de vous d'améliorer votre con-dition, d'être dans l'humanité les égales des hommes, de régner dans la famille, d'y exercer une influence salutaire sur l'époux et sur les fils ; honorez Dieu bien plus par la pratique des devoirs sociaux que par un formalisme impuissant. Qu'est-ce que réclamer des

droits que l'on n'a pas su mériter, sinon une prétention ridicule? Femmes du monde, distrayez de votre
vie oisive quelques heures pour les consacrer à l'amélioration de vos fils; mères bourgeoises, tournez du
côté grossissant, la lunette qui vous laisse apercevoir
dans un vague lointain l'avenir de vos filles, et si vous
ne pouvez, impuissantes, les élever vous-mêmes, choisissez, mais choisissez bien, celles que, pour vous
suppléer, vous appelez à former leur cœur. Souvenez-
vous qu'il ne suffit pas d'orner l'esprit, de savoir beaucoup, mais qu'il convient d'établir toute science sur
des bases morales. Femmes du peuple, ouvrières, ar-
tisanes, qui n'avez ni le temps ni les moyens d'élever
vos filles, c'est vers elles plus particulièrement que se
tourne notre sollicitude, car nous sommes effrayée et
des piéges qu'on leur tend et des fautes qu'elles com-
mettent : que leur enseigne-t-on pour les laisser ainsi
accessibles à la séduction et inhabiles à la résistance?
Elles ne connaissent de la vie réelle que ses misères;
on leur a appris qu'il y a un Dieu, une religion pour
l'honorer, des églises pour le prier, des prêtres pour
le servir; mais la foi du serment, le caractère de sainteté dont la mère doit être entourée, on en a parlé

sans s'y arrêter, au lieu d'y revenir comme à la base de toute éducation rationnelle.

Et vous, pauvres institutrices, la pédagogie est-elle un sacerdoce vous conférant l'apostolat de l'éducabilité? La société prévoyante vous a-t-elle assuré le pain du corps, en vous chargeant de donner à l'enfance le pain de l'âme? Vraiment, nous n'en sommes pas là, l'enseignement, comme tout le reste, se vend, se marchande et s'achète. Le père en veut pour son argent; le maître, pour en donner longtemps, en fait petites les doses, et l'élève qui, dans l'école, devrait retrouver un second père, ne trouve plus qu'un mercenaire qu'il craint le plus souvent, qu'il ne respecte jamais. Ainsi l'a voulu notre société imprévoyante et parcimonieuse. L'institutrice, qui devrait avoir un caractère sacré, n'inspire plus aux parents que la défiance; aux élèves, que l'insubordination. Les trésors de l'esprit sont au rabais, et la domesticité est aussi rétribuée que les maîtres d'études ou les maîtresses de classes. Triste état des choses, que changera l'avenir, sans doute, et qu'il faut déplorer comme tout ce qui est mauvais.

Mais plus le mal étend ses racines, plus il y a lieu d'y

porter remède. On ampute la jambe corrompue, et l'humanité ne trancherait pas dans le vif de son être pour le régénérer? Voici bientôt six mille ans que l'homme a pris possession de sa planète et qu'il en jouit; l'a-t-il si sagement administrée qu'il n'ait que de bons comptes à rendre à ses mineurs? Et ceux-ci, relevés de leur déchéance, ne sont-ils pas en droit de demander des comptes à leur tour?

Nul ne possède seul la terre, chaque peuple en exploite à son profit une partie, s'en approprie les richesses intérieures et vit de son revenu; mais dans cette concession temporaire, le seul usufruitier c'est l'homme. L'homme, qui a usé et abusé sans que sa compagne se soit demandé: dois-je intervenir? Ici, pour éviter toute interprétation malveillante, posons nettement la question, et disons bien qu'intervenir n'est pas accaparer. L'homme, sans perdre ses droits, s'élèverait en réclamant la réforme de celles de nos lois qui ne sont plus dans nos mœurs. Il n'appellerait pas un sexe ennemi de la guerre à ceindre la cuirasse ou le bouclier; il ne descendrait pas lui-même aux soins minutieux du ménage : tant que la lutte existera, lui seul fera la guerre, et c'est peut-être le prélude d'une ère pacifique prochaine que ce cri d'appel à la justice et à la liberté proféré par les femmes.

Si toutes le veulent sagement, fermement, leur voix sera entendue ; mais de l'échelon le plus bas au plus élevé de la société, qu'il n'y ait entre elles qu'une même pensée, s'améliorer pour réagir.

Grandes dames, bourgeoises, ouvrières, veuves, femmes mariées, célibataires, que de bien vous feriez si vous entrepreniez sur vous-mêmes ce travail de régénération après lequel viendrait votre égalité. Vous êtes le cœur du couple, *un* et *une* de l'être, à la fois amour, intelligence et force dans ses manifestations ; à vous l'initiation, à l'homme l'action. Individuellement, votre vie est souffrance et sacrifice ; collectivement, vous n'êtes qu'un *nombre* ; devenez un *être*, travaillez pour votre sexe et pour vous, l'humanité mâle en profitera. Jeunes filles, ne vous vendez plus, les marchandeurs transigeront ; que votre beauté vous soit un titre, non une étiquette ; aspirez à valoir plus par les qualités du cœur que par les séductions de l'esprit.

Femmes mariées, soyez des mères intelligentes, aimez vos enfants pour eux ; ne cachez pas leurs défauts sous vos faiblesses, et souvenez-vous que si le roseau plie, le chêne casse. La mère est l'ange du foyer, l'âme de la famille, et si chaque famille est harmonisée la société sera-t-elle troublée? Vieilles femmes et vieilles filles, veuves ou célibataires, ne dormez pas à votre tour sur votre égoïsme. Dans un travail commun chacune a sa place, Dieu vous voit, travaillez. Le règne de paix approche, les chemins de fer ont abaissé toutes les frontières, les peuples jadis rivaux se tendent la main, la famille humaine se constitue; les esclaves conquièrent leur liberté; les femmes, dernière œuvre sortie de la main de Dieu, dernières affranchies de l'homme, feront cesser dans le temps l'antagonisme, et le jour où chacune, égale à chacun, se rendra témoignage de son amélioration, l'humanité entière, dans un chœur immense, reconnaîtra qu'il dépendait de la femme d'améliorer son sort.

CHAPITRE XXI

DES MOYENS TRANSITOIRES

En politique, les peuples, par une crise, peuvent changer d'état. En morale on procède sans secousses, par insinuation, s'en prenant au sentiment d'abord pour émouvoir le cœur et pénétrer dans l'esprit. Une génération réformatrice précède une génération de réformés. Toute amélioration est l'œuvre du temps ; l'homme, à sa maturité, recueille les fruits de son enfance. Il faut commencer par le commencement. Ce point de départ posé, reconnaissons que, dans chaque jeune famille, la mère doit travailler au perfectionnement de sa progéniture, afin qu'un jour celle-ci mette en pratique les exemples qu'elle a reçus.

Pour faciliter l'unité d'action aux classes laborieuses

il faudrait que l'enseignement public secondât dans ses efforts et dirigeât même pour ainsi dire l'enseignement privé. Il faudrait que le premier, gratuit et obligatoire pour tous, eût avec le même programme les mêmes formules et les mêmes moyens. A cette fin, il nous paraîtrait sage d'assigner aux écoliers un vêtement uniforme dont le prix, à la charge de la nation, constituerait un impôt spécial, *l'impôt de l'enfance*. Point de distinctions, sinon celles accordées aux études intelligentes par la rémunération d'un signe apparent quelconque, ruban ou médaille. Dans cette voie de l'enseignement, si élargie depuis quelques années, mais encore si incomplète, les pays protestants ont de beaucoup dépassé les pays catholiques. La Suisse, l'Allemagne, l'Amérique sont, sous ce rapport, aux avant-postes du progrès. Il n'y a pas, chez ces peuples, d'aussi brillantes individualités ; mais l'enseignement y est pour tous au même niveau et la jeunesse y avance de front, s'appuyant mutuellement pour s'élever jusqu'à l'homme complet et fort. En France, le clergé, jadis si puissant, se maintient dans l'instruction par le côté des écoles dites chrétiennes, comme si les autres ne l'étaient pas chrétiennes! De cette distinction, derrière laquelle se montrent le manteau noir du frère, l'ample pèlerine de la sœur, sont résultés deux enseignements constituant un antagonisme et faisant brèche à l'unité. Les écoles chrétiennes, routinières par principe, se sont posées en ennemies des écoles communales, si bien que le système adopté par les unes a été rejeté par les autres, et l'éducation, loin de tendre à la fusion, a tendu à la confusion. Il n'entre ni dans le but de ce livre, ni dans notre désir d'opposer une méthode à une autre, non plus que de condamner une classe d'hommes quelconque, qu'ils appartiennent à tel ou tel culte ; les enseignants de bonne foi seront toujours pour nous des éducateurs respectables. L'hérésie, entre fils d'un père commun, est une dissidence et non un crime. Si les consciences, également éclairées, comprenaient de la même manière le Dieu de miséricorde qui fait *grâce jusqu'à mille générations,* il n'y aurait sur la terre ni lutte ni antagonisme, et la religion, intelligemment interprétée, serait pratiquée avec amour par les nations qui cherchent la vérité dans la lumière et non dans les ténèbres.

Est-il venu le règne de la justice, de l'équité, de la conscience ? Écoutez les voix qui montent : ce sont celles de bouches qui réclament une croyance. L'humanité s'agite dans le chaos, la tourbe se heurte à la misère ; la bourgeoisie a la peine, l'aristocratie a la désillusion ; toutes les classes attendent une régénération, où donc est le régénérateur ? Sera-ce vous, Pie IX, vous le représentant de celui qui, pour ne pas placer son royaume en ce monde, n'en a pas moins conquis l'univers ? Vous, le chef de la chrétienté qui, spirituellement, pouvez mettre à vos pieds tous les rois du monde ? Qu'est auprès de votre grandeur le coin de terre que l'on vous dispute ? Libre de *lier* et de *délier*, soyez le continuateur du Christ, le poursuivant de son œuvre progressive et régénératrice ! Vous avez le globe, que vous fait Rome ? Votre autorité, pour grandir, n'attend que votre volonté. Pontife, soyez deux fois saint, affranchissez qui vous demande sa dernière initiation à la vie. Marie, la divine mère, en recevant le sang de son fils, Marie, de qui le nom dit *aimer*, Marie, la femme symbole du sacrifice, ne fut-elle pas la première initiatrice au progrès de cette religion qui, pendant quinze siècles, a servi de lumière au monde ? Pontife, les temples sont déserts, la foi s'en va, le zèle s'éteint ; rappelez la foi, ravivez le zèle. Au lieu de comprimer l'élan des peuples vers la liberté, laissez-les aller à elle. Et comme vous les avez un jour dominés du haut de votre gloire, vous les dominerez pour toujours! Au progrès, pontife, au progrès! Quand l'humanité marche, la religion, sous peine de périr, doit marcher aussi. L'égoïsme a gagné le siècle, la soif de l'or, l'amour du bien-être, ont tout envahi; l'homme veut jouir, les réalités de la vie l'absorbent; il ne fait rien pour l'éternité, il n'y croit pas; sous cette négation absolue toute solidarité s'efface, toute réciprocité disparaît, il n'y a plus entre les fils des hommes de lien, l'intérêt seul les rapproche ou les sépare.

Le danger de l'excès du mal perdrait le monde, si un monde pouvait périr sans la volonté de Dieu; mais çà et là aux postes avancés, des sentinelles veillent qui se répondent : *Garde à vous!* Et comme les plus en danger font la meilleure garde, les cris partent des poitrines de femmes. A leurs époux, à leurs fils, à tous ceux qui se meuvent dans le vide, quelques-unes répètent : *Garde à vous!* L'heure est venue de mettre le doigt sur l'égoïsme qui ronge le siècle et de le signaler pour y substituer une ère de progrès comprenant, dans son mouvement, tous les sexes et tous les âges. Le Dieu fort, le Dieu pur esprit a ouvert la voie au Dieu trine, à la fois force, intelligence et amour, qui appelle le règne de la femme, apogée complémentaire du règne de Dieu.

Nous n'avons pas atteint ce dernier terme ; mais nous y marchons, et comme du chaos sont sorties toutes choses, de l'excès du désordre naîtra l'ère organique de rénovation.

En ce temps-là les bourses des riches ne s'ouvriront plus aux pauvres qui tendent la main ; mais en commun on détruira la misère, on éteindra la mendicité qui humilie, pour lui substituer le travail libre qui honore. Les hommes, par un retour naturel au sentiment de justice qu'on endort en leur sein sans l'y étouffer, tourneront leur activité vers de nouvelles industries et restitueront aux femmes le travail qu'ils leur ont enlevé. La terre, fonds et tréfonds, ne demande que des bras pour produire ; sur tout le sol, de vastes étendues portent en elles le sable, la pierre et la chaux qui fonderaient des cités, élèveraient des palais et doteraient ceux qui n'ont pour richesse que leurs bras.

Sur des terrains en friche, landes, bruyères ou pâquis, que de récoltes pousseraient, que de populations vivraient! Nous n'avons pas d'armée pacifique de travailleurs à mettre au labour; mais nous avons quatre cent mille soldats, hommes de fatigue et d'activité, dont les bras feraient des merveilles : nous en appelons à leurs chefs. Les Romains, sur leur passage, laissaient des travaux qui immortalisaient leurs conquêtes. Il y a place chez nous pour des canaux, des digues, des courants, et pour d'autres richesses que le commerce national réclame, le siècle n'a qu'à vouloir, le sol attend.

Mais encore une fois, pour mettre en œuvre toute la planète, pour tirer de ses flancs, par les bras de l'homme, les trésors qu'elle renferme, il faut l'union de l'humanité entière.

Ouvrières à l'insuffisant salaire,

Filles aux mœurs faciles,

Mères aux cœurs découragés,

C'est pour vous que nous réclamons cet accroissement du travail, qui vous élèvera en dignité et, tôt ou tard, vous fera conquérir l'égalité que Dieu vous assure devant lui, que les hommes vous refusent devant la loi. Veillez sur vos filles, préparez-les pour la maternité, ses devoirs et ses charges, elles en goûteront mieux les douceurs; que leurs lèvres restent étrangères au mensonge, leurs regards à la convoitise, leur esprit à la sensualité.

Jeunes filles, à votre tour, fermez l'oreille aux charmes décevants de la coquetterie. On vous a prises pour des hochets; que l'homme, en vous, voie sa compagne. D'autres l'ont trahi; qu'il vous aime : du manége des coquettes au dévergondage des filles perdues, la pente est si rapide !

Mères accablées, ne regardez plus tant derrière vous, regardez en l'avenir, il porte au front l'auréole de votre salut. Paix à vos douleurs, le siècle y a mis le doigt, et, comme saint Thomas, parce qu'il a vu, il a cru.

Il a cru ! la foi transporte des montagnes ; espérez, l'espoir double le courage.

Bourgeoises indifférentes, que le fracas de la ville étourdit, insouciantes citoyennes, inutiles au monde et à vous-mêmes, regardez moins à votre miroir, plus en votre conscience; veillez avec celles qui veillent, vous êtes le point intermédiaire qui relie, par les deux bouts extrêmes, la chaîne de l'humanité, tendez les bras, faites la soudure, soyez le lien ; riches et pauvres ont au ciel un père commun.

C'est au centre d'un corps que réside sa force, c'est du point de son axe qu'il se meut, êtres intelligents, vous êtes le centre, soyez la virtualité. Nous ne vous dirons point : Faites la vertu austère, ce serait la rendre impossible.

La vertu dans la vie est la douce pratique des devoirs sociaux, l'amour des siens, la bienveillance pour tous, le respect pour soi-même. Ninon disait : Il en est des femmes comme des villes : certaines n'ont pas eu à se défendre pour n'avoir jamais été attaquées. Ceci est vrai ; mais la vertu n'a pas à se garder seulement contre l'amour, elle embrasse tout entier le cercle de la vie d'une femme, et celle qui en sort une fois, le monde ne l'y laisse plus rentrer. C'est que les lois consacrées par la morale, acceptées par la société, ne sauraient être impunément violées. L'infidélité de l'épouse a d'autres conséquences que celle de l'époux, qui répond de la paternité sans pouvoir la garantir.

Mesdames de la classe privilégiée qui, parfois, péchez en pensées et en paroles, par oisiveté, donnez à votre esprit un aliment qui le vivifie et vous rende dignes d'occuper les places élevées que votre rang, sans mérite, ne saurait vous conserver. C'est de vous surtout que le bien devrait procéder. Oisives et libres, un élément d'activité peut régénérer vos âmes. Vous peignez, vous faites de la musique ; créez une langue du pinceau , élargissez le cercle des mélodies; préparez, par vos enchantements, la génération qui vient aux harmonies d'une société de frères. Un art nouveau vous ouvre ses larges horizons, la musique et la peinture sont femmes, peignez et chantez !

Parmi vous il en est que la fortune ne saurait garantir contre les infidélités conjugales. Vous n'avez pas le divorce, qui rompt les chaînes trop lourdes. Si vous êtes mères, portez dignement votre maternité, tôt ou tard vos enfants vous dédommageront de vos douleurs passées.

Le mari qui sur les traits de sa femme trouve la bouderie ou le sarcasme, souvent s'adresse à de moins sévères beautés, et la plupart des unions mal assorties sont rompues par des liens bâtards qui entraînent le malheur des familles ; que de ménages ruinés pour une légèreté de femme, pour un caprice de mari. Déplorables conséquences de préjugés condamnés, quand laisserez-vous à chacun la responsabilité de ses actes, sans en rejeter une part sur ceux qui l'entourent?

Les femmes coquettes portent la peine de leur coquetterie, comme les femmes galantes portent la peine de leur galanterie ; mais les premières n'ont souvent que les apparences contre elles, tandis que les autres vont la tête haute à vices découverts. Plaignons-les, *Dieu seul* sait si, la vieillesse venue, elles ne rachèteront pas leurs torts par un sublime repentir.

La femme qui rompt avec le monde ne le fait jamais sans déchirement. Sous un autre ordre social, si l'amour n'était plus une séduction, mais un engagement libre à deux, les femmes ne prostitueraient pas leurs charmes, et la famille, sanctuaire inviolable, aurait à son foyer la place des enfants, la place des aïeux. Heureux les peuples qui savent respecter les vieillards et profitent de leur expérience ! Heureux les pères qui, en voyant grandir leurs enfants, les voient progresser; bonheur et progrès sont les deux derniers mots de l'avenir, leur base est la famille, leur pivot le monde, leur terme final Dieu, de qui tout procède et à qui tout retourne éternellement.

CHAPITRE XXII

A PROPOS DES MISÉRABLES

Notre livre était terminé depuis six mois, lorsqu'a paru l'ouvrage si remarquable de M. Victor Hugo, *les Misérables*. Il y a dans les récits du grand écrivain la richesse d'imagination propre à son génie, il n'y a pas de fausses images ; les tons de ses tableaux sont vrais et saisissants.

Dans ses descriptions, M. Victor Hugo ne vise point à la fantaisie, il fait de l'histoire, et la société doit lui savoir gré de porter la lumière où se maintenait l'ombre depuis longtemps.

Si l'on touche, en effet, à la partie de l'humanité que les lois ont convaincue de crime, on est frappé de voir rester debout la plus lourde des pénalités, la *sur-*

veillance à temps ou à vie. Surveiller un libéré, c'est-
à-dire l'interner sous le regard de la police, dans une
ville où peu de ressources lui seraient offertes s'il
était libre, où tout travail lui est refusé parce qu'il
tient encore à la prison par le côté de la flétrissure.

On s'est fort occupé, il y a quelques années, de la
nécessité de séparer les prévenus des condamnés. On
a compris que la distance est grande entre eux, puisque à chaque session les chambres des mises en ac-
cusation déclarent *n'y avoir pas lieu à poursuites*,
envers un nombre d'ordinaire assez grand d'individus
écroués. Pour ne citer qu'un fait, M. Barthélemy Mau-
rice, dans son *Histoire des prisons de la Seine*, cons-
tate que 29,293 prévenus de délits et 3,580 accusés
de crimes, ont été acquittés sur le territoire français
en 1832. C'est donc un total de 32,875 personnes
arrêtées, que dans sa sollicitude la justice du pays a
rendues à la liberté.

Mais ce fait de l'incarcération constitue un dom-
mage, et quelle indemnité le compense ? aucune. Les
détenus sont entrés purs dans les prisons; ils en sortent déchus, car on les a jetés en pâture au vice au
lieu de les isoler.

Et si la contagion du mal se communique de proche en proche, si le *délit soupçonné* est confondu avec le *crime avoué*, combien le funeste contact du vice ne sera-t-il pas plus puissant sur la femme que sur l'homme ? La *prévenue* surveillée dans sa cellule, est à moitié rachetée ; la condamnée associée à d'autres coupables, est sur le chemin qui aboutit aux récidives.

Que la loi confonde dans une même peine les grands coupables, qu'elle les associe pour le travail, elle fait acte d'humanité ; mais condamner à une commune réclusion les prévenus *que la justice doit absoudre* et ceux qu'*elle doit frapper*, là est l'imprévoyance.

Il ne faut pas avoir étudié, dans les prisons, les diverses catégories de détenus, pour incliner à les classer diversement ; en général, même après sa peine expiée, nous ne voyons dans le libéré qu'un être flétri. Et si, au lieu de rentrer dans la société pour chercher à y ressaisir la position qu'il y a perdue, il lui faut subir de la surveillance, où sera pour lui la possibilité du rachat ? Loin de lui parler d'espérance, la raison lui parlera de flétrissure, et la difficulté du rachat le fera se précipiter, derechef, dans l'abîme où la loi seule va le chercher pour le frapper de nouveau.

La surveillance, après la prison, ce n'est pas la liberté, c'est la torture. Et si cette peine a de tels inconvénients pour l'homme, combien plus elle entrave la destinée de la femme! Nous avons connu bon nombre de libérées, dans notre pratique des prisons, qui, d'avance comptaient le jour de leur rentrée sous les verroux. Elles préféraient la prison à l'internement, et disaient : « Nous ne partirons pas, nous attendrons qu'on nous arrête de nouveau, la prison nous donnera le pain qu'on nous refuserait ailleurs. » Et ces malheureuses rôdaient autour de la Préfecture de police pour faciliter leur arrestation.

Mais la loi ne frappe pas seulement de cette peine les criminels libérés de la prison, elle s'applique aux malheureux qui, sans domicile certain, sont arrêtés comme vagabonds sur la voie publique, parce qu'ils n'ont *ni métier ni profession* (*Code pénal*, art. 270).

Et pourquoi n'ont-ils pas de domicile certain? parce qu'ils cherchent leur pain dans la rue et l'attendent de la pitié publique. Il faut bien le reconnaître, la charité la plus active ne parvient pas à extirper la mendicité, plaie vive de notre ordre social. A Paris, où afflue la misère de la France, un seul arrondissement compte vingt-quatre mille indigents, s'ils sont pris *mendiant*, on les écroue pour leur donner un asile. La société est tenue d'accorder aide et protection à chacun de ses membres ; mais quelle reconnaissance lui devront ceux qu'elle abrite sous le toit d'une prison? Libérés une première fois, après trois mois de détention, il leur est délivré un passe-port auquel on ajoute, au signalement d'usage, que *le nommé X. sera tenu de se présenter, à son arrivée, aux autorités municipales.* Une lettre administrative l'a devancé, le préfet est informé de son arrivée ; s'il ne se présente pas, la police le recherche. Et s'il arrive, lui ouvre-t-on un asile, pourvoit-on à ses besoins, a-t-il du travail? Du travail à lui, vagabond ou criminel libéré? à lui, tenu de se présenter au bureau de police? Non, il n'a en perspective que la prison, et de là ses récidives, ses délits, ses crimes. Est-il adroit, intelligent, travailleur? Qu'importe, quelques-uns le plaindront, nul ne voudra l'occuper.

Ainsi repoussé, abandonné, le libéré s'endurcit dans le crime, et se venge sur la société du mal que lui a fait la loi. On l'a abandonné sans prévision, il frappe sans pitié.

Si, appliquée aux grands coupables, la surveillance les endurcit dans le crime, appliquée aux vagabonds, elle est plus qu'une imprévoyance, elle est une dureté. Il n'appartient à aucun pouvoir de ne se souvenir des gens que pour les châtier. La surveillance, dit Legraverand (*Traité de législation criminelle*), était inconnue avant la révision du Code pénal de 1810 ; on la trouve indiquée, pour la première fois, dans notre législation criminelle, par un des articles de l'acte du 28 floréal an XII.

Avant 1832, pour une somme de cent francs, tout condamné à cette peine pouvait se racheter et c'était là un grave inconvénient. En effet, le malheureux sans ressources restait sous le coup de la loi, tandis que l'adroit bandit échappait à son action. Aujourd'hui, le rachat de la surveillance n'est plus possible, la population dangereuse du bagne et des maisons de force est internée au gré de l'autorité dans certaines villes. La sûreté publique commande la prudence à l'égard des grands coupables libérés ; mais dans les motifs du crime, les mobiles ont tant de nuances, que l'humanité doit établir entre elles des catégories.

Pour *les surveillés à temps*, il suffirait d'un appui

par le travail et d'une libération plus prompte, après une bonne conduite soutenue.

Pour *les condamnés à vie*, il faudrait des asiles protecteurs où leur liberté ne fût point gênée, où leur activité fût rétribuée. Sur cent condamnés à la surveillance, les deux tiers se font reprendre, l'autre tiers se cache sans obéir mieux. Les ruptures de ban sont les infractions les plus communes.

Si l'on fait le compte de ce que coûte à l'État la surveillance, on reconnaîtra que cette peine est aussi ruineuse qu'inefficace.

Bentham considère les délits comme des maladies dans les corps sociaux, et les lois comme les remèdes propres à les prévenir ou à les guérir. Mais le mal est en raison de l'âge, du tempérament et des causes qui ajoutent à sa gravité.

La surveillance, à temps ou à vie, est un impasse contre lequel vient se briser l'être déchu. Il faut la transformer en protectorat légal et non en maintenir la flétrissure. Pour les mendiants qu'elle atteint dans leur vieillesse, elle est le plus inouï des maux ; pour les criminels châtiés, elle est une cause permanente de rechutes. Si la justice, au lieu de se faire constamment répressive, se faisait rémunératrice, l'argent employé aux ruptures de ban deviendrait le prix d'un salaire légitimement gagné.

Pierre B.... n'avait plus de moyens d'existence, il demanda à entrer dans un asile pour la vieillesse. Les hôpitaux refusèrent de le recevoir parce qu'il n'était pas assez malade. Les maisons de refuge ne le trouvaient pas assez vieux. Les administrations le traitaient d'impotent. Il tendit la main, fut envoyé dans un dépôt de mendicité, sortit de là, trois mois après, avec 4 francs 50 centimes de masse (*il gagnait trois sous par jour*), et ne tarda pas à être sous le coup de la surveillance. B. était un ancien cocher, il avait élevé une nombreuse famille, sa probité égalait sa misère ; arrivé au dernier degré du dénûment, il se donna la mort pour échapper à l'infamie.

Laisser debout une loi dangereuse, c'est compromettre la société que l'on veut sauvegarder. Les vagabonds, les criminels sont des suspects qu'il est prudent de contenir et non d'opprimer.

Et, répétons-le, si la surveillance est cruelle pour les hommes, elle devient odieuse pour les femmes ? Dans la société, le salaire de l'ouvrière est inférieur à celui de l'ouvrier. Dans les prisons, la différence est encore plus grande. Les travaux y sont fournis par un entrepreneur qui paie le moins possible. Le prix courant de confection pour une chemise d'homme est de 30 centimes. La façon d'une grosse (*douze douzaines*) de pattes de bretelles se paie 20 centimes, et tout est à peu près dans la même proportion. Si l'on considère que de ce salaire on fait trois parts, savoir : un tiers, au profit de l'administration des prisons ; un tiers pour la masse de sortie, un tiers pour le prêt de semaine ; on trouvera au crédit de la détenue, sur 30 centimes par jour, 10 centimes.

Le travail, dans les prisons, est un puissant agent de moralisation : il faut déplorer l'état des choses qui, tout en venant en aide aux détenus, diminue d'autant la part des ouvrières libres. Depuis l'enquête commerciale faite pour le département de la Seine, en 1848, le relevé suivant a démontré que le salaire des femmes, dans l'industrie parisienne, sur cent un mille deux cent vingt-six, est au-dessous de 60 centimes par jour et par tête, pour 950.

Cent mille cinquante-neuf ont de 60 centimes à 1, 2 et 3 fr. Enfin, six cent vingt-six vont au delà de ce dernier chiffre. A Paris, les groupes industriels se classent de la manière suivante, par rapport à l'importance décroissante, dans la moyenne du salaire des femmes, — travail des métaux précieux.

Moyenne.	2 04
Articles Paris.	1 83
Ameublement.	1 78
Imprimerie, gravure, perspective.	1 75
Travail des métaux, à la mécanique.	1 71
Alimentation.	1 68
Boissellerie, vannerie.	1 56
Vêtements.	1 62
Industries chimiques et céramiques.	1 48
Fils et tissus.	1 46
Bâtiment.	1 43
Carrosserie, sellerie, équipements militaires.	1 27
Peaux et cuirs.	1 14

Ainsi, sur ce tableau, une seule classe d'ouvrières dépasse le chiffre de 2 fr., le reste ne l'atteint pas et ne va guère au delà de 1 fr.

Si, pour alléger la responsabilité légale et transformer la surveillance, l'État appliquait les grands coupables au défrichement des terres susceptibles de production; s'il leur accordait, dans nos colonies, certains droits de propriété ou de fermage, le mal de la loi ne dépasserait pas le mal du délit. Pour rendre bon ce qui est mauvais, il faut connaître le véritable besoin des masses afin de comprimer leurs mauvais instincts.

Un trentième seulement de la population sait lire, dit M. de Girardin. Les deux tiers de nos communes sont encore sans écoles, faut-il s'étonner des méfaits de l'ignorance et de l'encombrement des prisons? Selon nous, un catéchisme de législation devrait être rédigé en vue des masses et enseigné dans les écoles, afin que nul n'ignorât *ce qui est toléré, ce qui est défendu par la loi.* Hommage à Dieu; — affection aux parents; — respect aux supérieurs; — bienveillance aux égaux; —protection aux inférieurs, tel est le lien général de la chaîne sociale tendant au bonheur des familles, à la paix de l'État.

19.

A MES LECTEURS ET LECTRICES.

Je suis pour vous une étrangère ou une indifférente; lecteurs et lectrices, pardonnez-moi donc la témérité de ce livre, et pour mieux vous en faire apprécier l'intention, laissez-moi vous dire qui je suis, afin d'être jugée sur l'ensemble des actes de ma vie bien plus que sur la valeur d'un ouvrage qui, par son importance même, me rend humble devant vous. Je connais mes imperfections. Critiques honnêtes, *frappez, ne tuez pas.*

Votre estime m'est chère, lecteurs et lectrices; sans cela, prendrais-je la peine d'écrire ce qui suit :

Je relève d'une famille lettrée, d'origine genevoise. Mon aïeul, Pierre Mouchon, analyste de l'Encyclopédie de Diderot et d'Alembert, s'était assimilé ce bel ouvrage par un travail de patiente érudition. Ce même Pierre Mouchon avait épousé la fille du célèbre physicien Lesage, qui, le premier, fit à Genève sa patrie, en 1750, l'application de l'électricité à la télégraphie. Mon père, élève de la Faculté de médecine de Montpellier, épousa la fille d'un pasteur du Gard. La France en ce temps-là travaillait à sa régénération sociale. Mon père, enfant de Genève, accepta les idées nouvelles. Né libre, il acclama la liberté sans en excuser les excès, et bientôt, poursuivi comme modéré, il eût payé de sa vie l'austérité de ses principes, sans l'impénétrable refuge que lui assurèrent les Cévennes.

Lorsque l'échafaud eut cessé son œuvre fatale, mon père, rentré dans ses foyers, y éleva ses fils dans le respect et l'amour du vainqueur des Pyramides. Successivement mes trois frères servirent la France. Le premier, Louis Mouchon, aide de camp du général Teste, périt dans la première redoute de la bataille de la Moscowa. Le troisième, Émile (1), officier de santé, fut, avec la garnison de Dresde, envoyé prisonnier au fond de la Bohême :

(1) Émile Mouchon, chimiste distingué, membre de plusieurs Société savantes, a été président de la Société de pharmacie de Lyon, jusqu'au moment où sa santé l'a condamné au repos. Il est l'auteur de plus de cent Mémoires publiés dans les journaux scientifiques.

Après la rentrée des Bourbons, on tenait pour suspects tous les partisans de l'Empire. Lyon, que nous habitions, était, par sa position topographique, soumis à une active surveillance policière. Les arrestations s'y succédaient, les prisons y regorgeaient de citoyens honorables. Presque tous mes parents y furent mis, et je n'oublierai jamais l'impression, qu'enfant, je reçus en pénétrant avec ma mère sous les voûtes tortueuses de l'Hôtel-de-Ville, où nous allions visiter, en un lieu dit *la cave*, des êtres chéris qu'on y avait précipités. En ce temps-là ma religion c'était l'Empire, mon idole Napoléon premier.

Napoléon, pour se rendre à l'île d'Elbe, passa par Lyon. C'était la nuit ; mon père et mes frères veillaient. Ils coururent à la Guillotière, attendirent le passage de l'illustre voyageur, et, grimpant sur les deux marchepieds de sa voiture, lancée au galop : « *Sire, lui crièrent-ils, au revoir ! — Oui, mes amis, au revoir !* » répéta l'Empereur, en serrant ces mains inconnues qu'il sentait amies.

Au retour de l'île d'Elbe, la troupe soldée par Louis XVIII stationnait sur notre place et sous les portes cochères ; il pleuvait. Le peuple se mêlait aux soldats, on *se sondait, on prenait langue.* Une dame, zélée pour ses convictions, s'approcha d'un groupe de soldats et leur dit : « *Mes amis, vous défendrez votre roi, qui vous paie bien, et point l'autre, qui ne vous paierait pas!* » — « *Qu'est-ce que cela vous fait,* » — répondit un vieux de la vieille, — » *si nous voulons lui faire crédit?* »

Le mot courut et fit fortune, quelques heures après, Napoléon, escorté au flambeau par toute la population, faisait son entrée triomphale dans Lyon, splendidement illuminé. Les Cent-Jours étaient commencés.

A ce moment d'élan patriotique, mon second frère, jusque-là paisible négociant, courut à l'état-major, s'équipa, fournit un cheval, et fit, officieusement, le service d'adjudant de place.

Waterloo, en soumettant la France à l'étranger, ruina les espérances de mon père, alors chargé, avec un de ses amis, d'une grande entreprise du gouvernement. Napoléon se livrait aux Anglais, Louis XVIII revenait de Gand, la légitimité reprenait son empire. les héros de la Loire regagnaient, un à un, leurs foyers : les Cent-Jours finissaient.

Quelques années s'écoulèrent. Enfant de l'Empire,

je ne pouvais épouser qu'un impérialiste. Mon beau-père, Jean Niboyet, anobli en 1810 pour avoir pris et défendu Pampelune, avait, en 1814, rejoint à Valence le bataillon sacré. Nommé par Napoléon, qui l'estimait, commandant du département de l'Ardèche, il fut ruiné par une troupe armée qui s'abattit sur ses propriétés, et les dévalisa, à Viviers, tandis qu'il commandait à Privas.

A la chute de Napoléon, Niboyet rentra dans ses foyers pour ne les quitter qu'en 1830. A l'avénement au trône de Louis-Philippe, il vint au nom de sa province complimenter le nouveau roi.

J'habitais alors Paris, où j'étais arrivée le jour de la fête du roi Charles X, 4 novembre 1829. La Charte de 1830 donnait à la France des garanties de liberté qui réveillèrent le patriotisme national et remplirent d'ardeur la jeunesse. Diverses écoles philosophiques surgirent, qui élevèrent des chaires où d'habiles professeurs, par le charme de leur entraînante parole, faisaient acclamer leurs doctrines : ils étaient si convaincus, si convaincants, ils ouvraient à l'esprit des horizons nouveaux. Chacun, en ce temps-là, étudiait, discutait les théories qui élevaient Moïse au-dessus de Jéhova, et le Christ au-dessus de Moïse, pour remonter à Dieu, force co-éternelle de laquelle tout diverge et vers laquelle tout converge.

Ce courant d'idées nouvelles eut son apogée ; mais la politique gouvernementale modéra bientôt ce qu'elle avait autorisé d'abord, et l'activité humaine, forcée de se créer un autre point d'appui, *socialisa l'industrie* et lui imprima ce grand mouvement qui a élevé au double de leur valeur les objets de consommation.

C'est en 1830 que je commençai à me créer, par ma plume, des moyens d'existence : quelques essais m'encouragèrent. La société de la morale chrétienne, sous la présidence du marquis de La Rochefoucauld-Liancourt, mettait, pour la dixième fois, au concours, un ouvrage sur cette question : « *Des Aveugles et de leur éducation.* » Le prix, d'abord de 500 francs, fut porté à 1,000 francs, plus une médaille en or, donnée par la reine et Madame Adélaïde. La difficulté de ce travail me tenta, je concourus et je partageai le prix avec M. Duffaut, professeur à l'Institut des jeunes aveugles, dont plus tard il est devenu le directeur. Mon ouvrage, successivement couronné par quatre sociétés différentes et traduit en allemand, puis en anglais, eût partagé la récompense académique accordée à M. Duffaut, si je ne fusse arrivée trop tard au concours.

Le jour où j'obtins ma première couronne littéraire, la Société de la morale chrétienne me décerna un second prix sur cette question : « *De la nécessité d'abolir la peine de mort.* » J'eus M. de Lamartine pour rapporteur.

Ce double succès me fit connaître M. Eugène Cassin, l'honorable agent de la Société qui venait de me couronner. Invitée par lui à prendre part à une œuvre qui comptait dans son sein tant de membres illustres, je sollicitai et j'obtins ma nomination. Bientôt je devins secrétaire-général d'un comité de bienfaisance, sous la présidence de madame la comtesse de Montalivet, qui, sans jamais siéger, répondait à nos appels chaque fois qu'au nom du malheur nous recourions à ses sympathies.

Successivement, dans cette Société, je devins membre du *Comité des orphelins,* du *Comité de la paix,* du *Comité des prisons,* et chargée de porter des secours et des consolations aux femmes détenues dans les prisons de Paris, je ne fus pas sinécuriste de mon titre, et, loin de prêcher l'humilité à des créatures repoussées par la société, frappées par la loi, je cherchai à les protéger sans distinction d'âge ou de culte, m'en prenant au sentiment de famille, qui vibre toujours au cœur d'une femme.

Dans cette œuvre où, d'une part, j'étais aidée par notre comité des défenses gratuites; d'autre part, par l'administration des prisons, j'ai dû au concours des deux comités, protestant et catholique, une force que je n'eusse pas eue seule. Mon action sur les prisonnières me procura la connaissance de la célèbre réformatrice de Newgate, madame Élisabeth Fry. C'est aussi dans les prisons que j'eus l'honneur de voir et le bonheur d'apprécier une femme remarquable, entre toutes, par l'élévation de son esprit, la bonté de son cœur, la simplicité charmante de ses manières, madame de Lafayette de Lasteyrie, fille du célèbre général auquel l'Amérique a dû sa liberté! Par le concours de cette femme modeste et sous son inspiration angélique, j'entrepris de fonder, en la maison de Saint-Lazare, au quartier des nourrices, une école des enfants... Jamais je n'ai vu unis tant de mérite et de simplicité qu'en madame de Lasteyrie ; elle s'effaçait pour chacune de ses collègues ; mais toutes disparaissaient derrière elle, sauf madame de Lamartine, présidente de l'œuvre, et quelques autres, parmi lesquelles je placerai mesdames de Lagrange et Chevalier, comme dans le comité protestant, je signalerai mademoiselle Dumas et, surtout, la digne et justement vénérée madame Émilie Mallet, connue par ses nombreuses œuvres de bienfaisance. Cœur naïf, esprit supérieur, celle-là aussi sema le bon grain et fut heureuse de le voir fructifier au profit de tous. Je dus à ses conseils éclairés quelques travaux utiles, notamment mon troisième ouvrage couronné « *De la réforme du système pénitentiaire en France* ». Le séjour d'Elisabeth Fry à Paris m'avait stimulée ; madame Mallet me décida, concurremment avec madame Juillerat-Chasseur, à écrire sur les prisons. Les événements m'ont éloignée de madame Juillerat, mais mon cœur reconnaissant lui est resté fidèle et je lui paie ici un tribut de souvenir !

J'ai eu successivement douze ouvrages couronnés, dont l'un : « *Dieu manifesté par les œuvres de la création,* » m'a valu un prix *ex æquo* de 4,000 francs ;

un autre « *Sur le Régime cellulaire dans ses rapports avec la santé des détenus,* » m'a fait obtenir le titre de membre correspondant de la Société de médecine de Bordeaux.

Tous ceux de mes écrits publiés sur les prisons, leur régime, etc., etc... font partie d'un grand ouvrage, quatre fois couronné par fragments, et qui ne sera jamais édité parce qu'il faudrait le publier à mes frais, luxe que mes ressources ne me permettent pas.

J'ai fondé plusieurs journaux, savoir :

A LYON :

Le Conseiller des Femmes; la Mosaïque lyonnaise.

A PARIS :

L'Ami des Familles; la Paix des deux Mondes; l'Avenir; la Voix des Femmes.

Ce dernier, publié en 1848, marque l'époque la plus douloureuse de ma vie.

En 1835 j'avais pris, à Lyon, l'initiative *d'un Athénée des arts.* A Paris, je contribuais plus tard à la formation *d'une Société active de la paix; d'une Association des artistes et des gens de lettres;* mais, découragée bientôt par l'impuissance de mes efforts, je me bornais à travailler pour vivre, lorsque les journées de février

vinrent changer la face des choses. J'aimais Madame
la duchesse d'Orléans, que j'avais vue, jeune mariée,
arriver souriante, épanouie, dans ce palais des Tuileries que dorait à son entrée un splendide soleil !...
Ses malheurs, ses vertus, son courage, m'avaient mis
au cœur, pour cette noble femme, un dévouement dont
je tentai de lui donner des preuves en 48.

La réforme électorale avait armé le peuple. Le roi
vaincu abdiquait. On proclama la suspension des hos-
tilités et la régence. — « La duchesse d'Orléans, —
répétait-on de bouche en bouche, — va se rendre au
Corps législatif avec le comte de Paris. »

D'intuition, une voix me disait : *elle court à sa
perte.*

Prenant donc conseil de mon courage, je tentai de
gagner les Tuileries, à travers les troupes échelonnées
qui barraient les rues. A la hauteur de la Madeleine,
le passage devint difficile ; plus bas, il ne fut plus possible, et je rentrai, la tête basse, ignorante des destinées
réservées à la France. Selon mon sentiment, il s'agis-
sait bien moins, pour Madame la duchesse d'Orléans,
de se faire reconnaître au Corps législatif qu'acclamer
par le peuple... Si du haut de son balcon, dominant la

foule, cette princesse eût pris dans ses bras le filleul de notre capitale; si elle eût demandé au peuple et à l'armée réunis, appui pour la veuve, protection pour l'orphelin, le peuple et l'armée eussent accueilli la mère et veillé sur le fils : Quelques instants plus tard, il était trop tard, la république surgissait des barricades, le souverain c'était la nation !

Dans le mois de janvier de cette même année j'avais publié un roman sous ce titre : *Catherine II et ses Filles d'honneur.* Les journées de février passées, mon imprimeur vint me trouver :

— Comment, Madame, — me dit-il, — vous ne faites rien en ce moment de crise ?

— Non, j'attends.

Le lendemain je traversais le faubourg Saint-Honoré, vis-à-vis de l'Élysée. J'accompagnais chez elle ma meilleure amie. Une foule armée de fusils, de fourches, de bâtons, s'avançait vis-à-vis de nous. Pour leur faire place, nous nous effaçâmes. Il y avait dans cette foule un assez grand nombre de femmes.

— Pourvu, — dis-je à mon amie, — qu'une république si sagement inaugurée n'ait pas le pendant des anciennes tricoteuses ? Il conviendrait de centraliser les femmes, de les éduquer. Un cœur droit, un vrai courage pourrait faire cela.

J'avais le cœur droit, j'eus le courage ; ce fut mon malheur, la tâche était au-dessus de mes forces... Ce même jour, mon imprimeur revint, me pressa, me sollicita, je fis un numéro spécimen de *la Voix des Femmes*. Il le prit, le publia, et, le succès dépassant toutes nos prévisions, avant la fin du jour mon salon fut érigé en tribune, mon appartement en salle de conférences. Je fus alors effrayée de la grandeur de mon œuvre, et je demandai à toutes ces femmes de me seconder, ne disant plus : *mon journal*, mais *notre journal*.

D'heure en heure le nombre des auditrices croissait. Celle-ci devenait secrétaire ; celle-là caissière ; d'autres enseignaient, organisaient ; nous cherchions à assurer du travail aux ouvrières. Là eût dû se borner notre action ; mais dans une administration naissante, où chacune se croyait des droits égaux, rien ne se régularisa. J'avais fait quelques enseignements intimes, numéro 12, rue Taranne. La salle contenait cent personnes, elle nous coûtait dix francs par séance, on payait dix centimes en entrant, l'enseignement était donc gratuit de notre part ?

Quelques impatientes ne se tinrent pas pour satis-
faites de ces réunions, et, visant *au club* (*je ne sais dans
quel but*), allèrent, sans me prévenir, louer une salle
(*la salle des spectacles-concerts*), en arrêtèrent le prix,
fixèrent le jour de la première réunion, et vinrent m'in-
former de ce qu'elles avaient fait.

Le produit des séances devait nous fournir les moyens
d'organiser le travail. Je n'étais appelée qu'à présider.
Vaincue par la majorité, je m'inclinai et, à deux jours
de là, je tenais la première séance d'un club violem-
ment attaqué, que j'eus le courage de présider avec
calme, bien que le trouble fût dans mon âme, le découragement dans mes esprits.

Le premier jour j'hésitai entre m'en retourner ou
rester ; la crainte de manquer à un devoir ou de com-
mettre une lâcheté, me livra au public... De toutes ces
femmes qui avaient promis de me seconder, quatre ou
cinq, je crois, furent là, qui laissèrent peser sur moi
la responsabilité de notre tentative. Que de clameurs,
que de tumulte ! Une heure de pilori m'eût paru moins
douloureuse que cinq minutes de cette violente lutte.
Nos ennemis, à ma vue, se frottaient les mains et
cherchaient, par tous les moyens, à m'intimider...

qn'ils aient eu raison parfois, c'est possible; qu'ils aient triomphé toujours, oseraient-ils le soutenir ?

Et quelle ne fut pas ma douleur, lorsque la question du divorce, qu'entre toutes j'eusse voulu éviter, fut celle que l'on souleva !

J'ai toujours considéré le divorce comme une triste mais absolue nécessité en face des mariages mal assortis ; mais je tenais à m'occuper spécialement du sort des ouvrières, pour lesquelles il reste tant à faire.

Les journées de juin mirent fin à nos orageuses séances. Nous n'avions pas gagné d'argent; toutefois, nous avions conquis des sympathies et une société auxiliaire se formait dans notre sein, qui eût porté de bons fruits, si elle n'eût, dès sa naissance, été frappée de mort... Déjà, sur un registre qui me fut soustrait, plus de quatre cents noms honorés étaient inscrits, Nous touchions à la réalisation d'un fait, les luttes sanglantes où périt l'archevêque, où succombèrent tant de victimes, brisèrent nos espérances.

Le journal *la Voix des Femmes* cessa de paraître et je restai *seule* chargée des frais qu'il m'avait occasionnés. Toutes ces *clubistes* disparurent comme la feuille sous le vent et, certes, ce ne furent ni les recettes du club (1), ni la vente du journal, qui couvrirent les dépenses générales d'une œuvre commencée au profit de toutes avec mes faibles ressources.

Dès ce moment, je rentrai dans ma vie paisible, et *seule* j'acquittai, successivement, *jusqu'à la dernière*, les dettes d'un journal dans lequel, *à plusieurs reprises*, des articles, envoyés en mon nom à l'imprimerie, avaient paru, qui n'eussent jamais obtenu d'être insérés de mon consentement.

Je *ne renie ni mes paroles ni mes actes* et j'affirme que si mes intentions eussent été jugées avec impartialité, le ministre qui m'a privée de l'indemnité littéraire annuelle dont je jouissais (*cette indemnité m'avait été accordée, après vingt ans de travaux honorables, par M. de Salvandy*), eût récompensé le dévouement de la femme, en la personne de l'humble écrivain.

Le sentiment de dignité personnelle, inné en moi et fortifié par l'éducation que j'avais reçue dans ma fa-

(1) La première séance du club s'éleva, pour la *Société de la Voix des Femmes*, à 115 fr.; la plus forte recette, pour nous, n'atteignit pas 225 fr. Le propriétaire de la salle, par son traité, prélevait d'abord 50 fr. puis partageait la recette ; le personnel du contrôle était à lui.

mille, où chacun était libre et solidaire à la fois, m'a fait supporter, avec courage, les injustices dont j'ai été l'objet.

Depuis quatorze ans, je n'ai pas cessé d'écrire; mais je n'ai pas signé dix articles de mon nom. La vie, de jour en jour, m'eût pesé davantage sans une amie qui s'est constituée ma providence! Celle-là n'est pas de mon pays, elle diffère avec moi de convictions; mais son âme a toutes les vertus, son esprit tous les charmes, son cœur toutes les bontés, et si Dieu, dans sa mansuétude, accorde parfois l'appui d'un bon ange à ceux qui sont travaillés et chargés, cette amie est certainement l'ange de ma destinée! J'ai dû à sa douce influence mon courage dans l'adversité, comme j'ai dû au souvenir de mon père et de ma mère les sentiments d'honneur qui sont en moi. Malgré les difficultés de mon existence, j'ai goûté dans la famille, près de mes sœurs chéries, de mon frère, de mes neveux et nièces, toutes les joies intimes du cœur!

Mon fils, à la fois mon espoir et mon orgueil, s'est déjà fait un nom, comme écrivain. Trop jeune, en 48, pour avoir pu m'arrêter sur la pente où je m'étais lancée ; mais témoin depuis de mes douleurs, c'est dans le camp de la littérature fantaisiste qu'il a pris place. Esprit fin, la critique, sous sa plume, n'a jamais été empreinte de fiel. Il la revêt des formes de sa douce et charmante nature, en vue de corriger, non de flageller. Jamais dans cette âme honnête un mauvais sentiment ne s'est fait jour, il est de ceux qui disent : *Périsse mon bonheur plutôt que mon honneur.*

Dans le cours de ma carrière littéraire, j'ai eu la bonne fortune de connaître un nombre infini de personnes de pays, d'âges et d'opinions différentes. Les unes ont abjuré leurs croyances et servi successivement divers dieux ; les autres, fidèles à leurs convictions, les ont gardées. Celle-là, pour ne point brûler du même feu que moi, n'en sont pas moins restées fidèles à mon foyer ; et, de mes bonnes relations avec elles, j'ai dû tirer cette conséquence : que si, dans chaque parti, il y a d'honnêtes et de *très-honnêtes gens, les malhonnêtes* sont ceux qui les condamnent. Nos convictions sont nos tyrans ; ou nous les acceptons de nos pères, ou nous nous les formons. Dans l'un et l'autre cas, il ne dépend pas de nous de les détruire. Entre esprits qui veulent s'éclairer, la discussion peut amener à la lumière ; entre gens obstinément rivés à leurs croyances, la discussion dégénère en dispute. Il y a des gens invulnérables à tous les degrés de l'échelle sociale. Les légitimistes, appuyés sur le droit divin, fusionneront-ils avec la démocratie? Et s'ils ne le font pas, faut-il que les majorités les violentent ? Plus un parti est fort, plus il a de clémence ; la persécution grandit les minorités turbulentes, les minorités supportées, l'oubli les tue.

Quant à moi, je déplore toutes les violences et, lorsqu'après les journées de février on mettait en question la rentrée des exilés; j'allais, me mêlant aux groupes, soutenir leurs droits de citoyenneté, quelle que fût la nuance de la bannière sous laquelle ils se présentaient. La république s'inaugurait forte, elle devait se montrer clémente ! La patrie, comme une mère, est pleine de pardon pour ceux de ses enfants qui reviennent ! Et le prince Napoléon, qui de sa voix éloquente soutient la démocratie, qui, par ses alliances, a prouvé au monde ses sympathies pour la cause italienne, n'est-il pas un de ces dignes rappelés dont la France doit être fière.

A son tour, Napoléon III a rendu la France grande à l'intérieur, forte à l'extérieur ; la paix, qui consolide toutes choses, semble garantie à notre pays. Les peuples marchent à la liberté ! Pour la mériter, que l'égoïsme renonce à son œuvre de cupidité mesquine. On a socialisé l'argent et l'esprit, il faut socialiser les cœurs, et ce qu'un seul ne peut faire, tous l'accompliront.

D'un bout à l'autre de l'Europe, l'exemple de la France a porté ses fruits. La terre est en travail de progrès, en travail de régénération sociale. La cause des femmes gagne ; les entraves qui les rivaient aux préjugés se dégagent, elles obtiendront l'égalité devant la loi qui n'enlève au mérite ni son autorité ni sa suprématie. Il faut semer la science pour en récolter le fruit.

Constamment préoccupée du sort des femmes, je me suis demandé, dans le calme de ma solitude, par quel moyen on pourrait efficacement leur venir en aide, et contribuer à leur bien-être commun. Il m'a paru démontré que la publication d'un bon journal atteindrait ce but. Cette conviction acquise, j'ai essayé de la faire partager à d'autres. J'aurais pu, sans peine, organiser une prudente et sage rédaction. Le journal établi, j'en aurais assuré le succès ; ce qui m'a manqué, ce sont les capitaux.

21

Le journal que je souhaitais fonder, que je commencerais demain, si demain une âme sympathique venait me prêter le concours de ses lumières et un appui d'argent, je lui donnerais le titre de *Journal pour toutes*. C'est, en effet, à toutes qu'il s'adresserait et, afin de m'en réserver la propriété, j'ai fait au ministère de l'intérieur **ma** déclaration légale, par le spécimen qui suit :

« Les journaux adressés aux femmes sont de simples courriers de modes qui traitent tout du haut de leur légèreté, sans le moindre examen. Le *Journal pour toutes*, dans sa partie sérieuse, étudierait les questions d'intérêt commun au point de vue *moral*, *intellectuel* et *matériel*, discuterait sans aigreur pour *concilier* non pour *irriter*. Sa rédaction prendrait à tâche d'être claire sans pédantisme, sage sans austérité.

« La femme, à tous les degrés de l'échelle sociale, est la conservatrice du type humain, l'*ange* ou le *diable* du foyer. Il lui appartient de *faire le cœur de ses enfants comme elle a fait leur sang*. Sa mission est donc dans la famille, sa tâche est la maternité.

« Comme associée de l'homme et sa compagne, l'éducation qu'elle reçoit est insuffisante. Au sortir de

l'école ou du pensionnat, que sait-elle de ses devoirs
futurs? le plus souvent rien.

« La grâce lui est naturelle. Le désir de plaire développe en elle la coquetterie, c'est là son art de char-
mer. Ingénieuse à comprendre sans savoir, à deviner
sans apprendre, son babil charmant l'élève jusqu'à celui qui, en réalité, la trouve tôt ou tard son infé-
rieure.

« *Le Journal pour toutes* ne serait point une tribune
pédagogique, mais un conseiller, un ami, soigneux de
simplifier les formules pour les faire comprendre. Il
prendrait pour devise : *Instruire en amusant, amuser
en enseignant.*

« Examens de livres nouveaux, comptes-rendus des
théâtres, littérature, beaux-arts, sciences, commerce,
industrie, chaque chose aurait sa place dans le journal, qui ne laisserait rien en dehors de ses recherches
et toucherait, ici, aux questions de morale sociale, là,
aux intérêts privés. Dire *Journal pour toutes* ne serait pas exclure les hommes de la lecture, non plus de
la collaboration de cette feuille. Commerçants et commerçantes y trouveraient un bulletin financier ; enseignants et enseignantes, l'analyse des méthodes qui

peuvent leur être utiles ; lecteurs et lectrices de tous rangs, un attrait de diversité dont chacun s'approprierait quelque chose.

« Si le gouvernail de l'État incombe à l'homme et la direction de la famille à la femme, tâchons que la douce influence du ministre de l'intérieur réagisse sur les actes du ministre des affaires extérieures.

« *Le Journal pour toutes* n'appellerait ni une monstrueuse transformation, ni une liberté dégénérant en licence. Il voudrait la femme *femme ;* mais il la voudrait à la hauteur du dix-neuvième siècle, digne compagne de son conjoint, et non cette poupée articulée qui grimace le rire ou la douleur.

« L'influence de la femme, si elle avait eu pour but constant le bien , aurait dès longtemps vaincu le mal.

« Depuis dix-huit cent soixante-deux ans l'homme gouverne seul. Rien n'est pour le mieux, qui sait si l'élément féminin, plus actif dans la famille, ne contribuerait pas à exercer sur l'ensemble social, une influence salutaire. Il faudrait au moins le tenter. »

Tel est le spécimen en vertu duquel j'ai obtenu l'autorisation de publier *le Journal pour toutes*. J'ajouterai que le sot orgueil du titre de directrice, ne m'a point éblouie. Il m'importe peu de paraître, il m'importe de me rendre utile. *Le Journal pour toutes* ne serait que l'organe d'une moitié de la société française travaillant à son amélioration. Ce que je tiens en réserve, ce sont les moyens pratiques à l'aide desquels il me serait permis de transformer une simple publication hebdomadaire en organe de l'avenir. Il y a place dans le siècle pour une œuvre sérieuse de femmes. Que les mieux intentionnées y pensent. Le monument impérissable du progrès appelle à son édification l'humanité entière, édification à laquelle chaque individualité peut concourir dans la mesure de ses forces. Travaillez, prenez de la peine, tout labeur a sa récompense.

Du sein de ma demeure solitaire, puissé-je voir la lumière sociale resplendir sur l'humanité, l'illuminer, la diriger, et moi, rendre grâce à Dieu, promoteur éternel du progrès dans le temps et dans l'éternité !

FIN

TABLE